D1917874

Roland Kadan

Da Josef und seine Briada

Altes Testament auf Wienerisch II

ROLAND KADAN

Da Josef und seine Briada

Altes Testament auf Wienerisch II

braumüller

Bibliografische Information der Deutschen Nationalbibliothek
Die Deutsche Nationalbibliothek verzeichnet diese Publikation in der Deutschen Nationalbibliografie; detaillierte bibliografische Daten sind im Internet über http://dnb.d-nb.de abrufbar.

Printed in Austria

Alle Rechte, insbesondere das Recht der Vervielfältigung und Verbreitung sowie der Übersetzung, vorbehalten. Kein Teil des Werkes darf in irgendeiner Form (durch Fotokopie, Mikrofilm oder ein anderes Verfahren) ohne schriftliche Genehmigung des Verlages reproduziert oder unter Verwendung elektronischer Systeme gespeichert, verarbeitet, vervielfältigt oder verbreitet werden.

1. Auflage 2018
© 2018 by Braumüller GmbH
Servitengasse 5, A-1090 Wien
www.braumueller.at

Fotos auf den Seiten 37 und 91: Katholische Bibel, Das ist die ganze Heilige Schrift alten und neuen Testaments, gedruckt bey Johann Joseph Fleischmann, Nürnberg 1763; Seite 68: © LIECHTENSTEIN. The Princely Collections, Vaduz–Vienna

Druck: FINIDR, s.r.o., Lípová 1965, 737 01 Český Těšín
ISBN 978-3-99100-264-2

Vorwort

Im Frühjahr 2017 erschien „Da David und sei Pantscherl", und so liegt es durchaus nahe, das nun vorliegende Buch als dessen zweiten Teil zu betrachten. Aber man muss den „David" nicht gelesen haben, um den „Josef" zu verstehen, nur der Untertitel lautet bei beiden gleich: Altes Testament auf Wienerisch.

Während sich in jenem die (ältere) jahwistische Schöpfungserzählung und, als längere Erzähleinheit, die Geschichten um Moses und den Auszug aus Ägypten finden, sind nun die (jüngere) priesterschriftliche Schöpfungserzählung und die Josefsnovelle enthalten (der Vater Josefs wird dort übrigens abwechselnd als Jakob und als Israel bezeichnet). Bei der Auswahl der Texte wurde erneut nicht nur auf deren religiöse Bedeutsamkeit Bedacht genommen, sondern auch auf ihre Wirkungsgeschichte: So ist die Geschichte von Noah und der Sintflut wohl jedem Kindergartenkind bekannt, sie wurde aber auch zuletzt 2014 von Darren Aronofsky (mit Russell Crowe) verfilmt. Das in der bildenden Kunst sehr beliebte Motiv „Susanna im Bade" ist im Wiener Kunsthistorischen Museum durch keinen Geringeren als Tintoretto vertreten. Weniger bekannt, aber in Form eines Brunnens im 1. Bezirk präsent ist die Witwe von Sarepta (1. Könige 17). Weiters erschien mir der Abschnitt über Jeremia reizvoll, weil dessen unbequeme Kritik (aus dem 6. Jh. v. Chr.) dem entspricht, was in der NS-Zeit als „Wehrkraftzersetzung" bezeichnet wurde (oder auch: „defätistische Parolen"). Das Ende des Buches bilden die persönlichsten und wohl auch unmittelbarsten Texte des sogenannten Tanach: die Psalmen. Beim Übersetzen dienten mir wieder die Lutherübersetzung, die „Bibel in gerechter Sprache" (2006) und die Vulgata als Arbeitsgrundlage, an einigen Stellen zog ich aber auch die Septuaginta und das hebräische Original zurate.

Warum aber dies alles auf Wienerisch? Weil ich als Wiener, als mit diesem Idiom Aufgewachsener, seinen emotionalen Reichtum und seine Intensität bewundere und liebe. Der Unterschied, der sich ergab, als Ernst Molden in seinen Liedern vor einem Jahrzehnt von Hochdeutsch auf Wienerisch wechselte, spricht meines Erachtens Bände. Warum dies alles auf Wienerisch? Weil auch seit Wolfgang Teuschls „Da Jesus und seine Hawara" als ausgemacht gelten darf, dass die Kraft und die Präzision des Dialekts sich mit Geschichten aus der Bibel bestens vertragen. Mehr noch: Ich hege die Hoffnung, dass auf diese Weise mancher Leserin und manchem Leser diese altehrwürdigen und quasi auf einem Podest stehenden Geschichten direkt zu sprechen beginnen.

Apropos sprechen: Das Wienerische ist primär gesprochene Sprache, und so empfiehlt es sich, die Texte laut zu lesen. Von den kleinen Ringen und Wellen (Tilden) möge sich niemand abschrecken lassen, diese sogenannten diakritischen Zeichen sind für den Klang, um nicht zu sagen: Sound des Dialekts unverzichtbar. Während das helle „a" in „Baana" (Knochen) ganz simpel wie in „Banane" gesprochen wird, ist der Vokal in „Håckn" (Arbeit) der gleiche wie im englischen „small", und das nasalierte „ã" in „Wãmpn" (Bauch) klingt wie die letzte Silbe von „Restaurant".

Wo es nicht nur um die Aussprache geht, sondern auch um Wörter, die außerhalb Wiens kaum verstanden werden, sei auf das Glossar am Ende des Buches hingewiesen; dort erfährt man, was „Maschekseitn" bedeutet, aber auch, dass sich hinter „Möö" simples „Mehl" verbirgt.

Die Einschätzung, dass das Wienerische den Kampf gegen das „Deutschland-Deutsch", das im Fernsehen und auf YouTube dominiert, in absehbarer Zeit verlieren wird, halte ich für übertrieben; immerhin wird die Rockband Wanda beileibe nicht nur in Österreich gefeiert. Eine besondere Freude wäre es natürlich, wenn „Da Josef und seine Briada" selbst als Hinweis darauf gesehen würde, dass das Wienerische in Blüte steht.

Mein Dank gilt Anita Luttenberger für ihr so sachkundiges Lektorat und meinem lieben Kollegen Dr. Georg Geiger, der dieses Projekt von den ersten Anfängen an begleitet hat.

Roland Kadan

Inhalt

Leiwãnd håt da Scheff d Wööd gmåcht

Genesis 1,1–2,4a

1[1] Ãngfãngan håt s mid den, dåss da Scheff in Himme und d
Ead gmåcht håt. [2] Und auf da r Ead woa goa nix, ois woa wia
r a Gstettn, und es woa nåss und finsta, und driba n Scheff sei
Geist. [3] Und da Scheff håt gsågt: „Es soi höö wean!“, und då is
höö wuan. [4] Und da Scheff håt gseng, dåss es Liachd leiwãnd
is. Då håt s da Scheff wegtãn vom Finstern [5] und håt s Liachd
Dåg ghaaßn und es Finstare Nåchd. Då is Ãbmd wuan und
Frua: da r easchde Dåg. [6] Und da Scheff håt gsågt: „In da Mittn
vom Wåssa soi s a Gwööb gebm, dåss des aane Wåssa då is
und es ãndare duatn.“ [7] Då håt da Scheff es Gwööb gmåcht,
dåss des aane Wåssa unta m Gwööb woa und es ãndare iba
m Gwööb. Und so is gscheng. [8] Und da Scheff håt des Gwööb
Himme ghaaßn. Då is Ãbmd wuan und Frua: da zweite Dåg.
[9] Und da Scheff håt gsågt: „Es Wåssa unta m Himme soi
beinãnd sei ãn aana Stöö, dåss d es Drockane siachst.“ Und
so is gscheng. [10] Und da Scheff håt des Drockane Ead ghaaßn
und des, wo s Wåssa beinãnd woa, Mea. Und da Scheff håt
gseng, dåss leiwãnd is. [11] Und da Scheff håt gsågt: „D Ead
soi Grås wåchsn låssn, Kräudln, die an Sãman bringan, und
Bam, die a Fruchd trågn, wo da Sãman drin is, olle nåch
ihra Oat.“ Und so is gscheng. [12] Und d Ead håt Grås wåchsn

låssn, Kräudln, die an Sãman bringan, a jeds nåch seina Oat,
und Obstbam, die a Fruchd trågn, wo da Sãman drin is, olle
nåch ihra r Oat. Und da Scheff håt gseng, dåss leiwãnd is.
13 Då is Ãbmd wuan und Frua: da dritte Dåg. 14 Und da Scheff
håt gsågt: „Ãm Gwööb obm ãm Himme soi s Liachda gebm,
dåss d n Dåg kennst von da Nåchd. De soin a Zeichn seĩ fia
die Feiadäg, fia Däg und fia Joa. 15 Es soi Liachda gebm, de
wås auf d Ead scheinan." Und so is gscheng. 16 Und da Scheff
håt zwa große Liachda gmåcht, a gräßers, des ãm Dåg duad,
und a klaanas, des in da Nåchd duad, und die Stean dazua
aa no. 17 Und da Scheff håt s ãm Gwööb hĩpickt, damid s
auf d Ead scheinan 18 und auf n Dåg und die Nåchd schaun,
und dåss a so s Hölle wegduad vom Finstan. Und da Scheff
håt gseng, dåss leiwãnd is. 19 Då is Ãbmd wuan und Frua:
da vierte Dåg. 20 Und da Scheff håt gsågt: „Im Wåssa soin
lewendiche Viecha wurln, und iba d r Ead soin Vägl fliagn,
ãm Himme unta m Gwööb." 21 Und da Scheff håt die riesign
Fisch gmåcht und a jeds Viech, wås si bewegt und umanãn-
dawurlt im Wåssa, a jeds nåch seina Oat, und olle Vägl mid
Fedan, an jedn nåch seina Oat. Und da Scheff håt gseng,
dåss leiwãnd is. 22 Und da Scheff håt ihnan an Segn gebm
und gsågt: „Es soits Junge kriagn und mea wean und ibaroi
im Wåssa von die Meere seĩ, und die Vägl soin mea wean
auf da r Ead." 23 Då is Ãbmd wuan und Frua: da finfte Dåg.
24 Und da Scheff håt gsågt: „D Ead soi wås Lewendichs
håbm, ois nåch seina Oat: Rindviecha, Wirma und wöchane,
de ãm Fööd lebm, a jeds nåch seina Oat. Und so is gscheng.

25 Und da Scheff håt die Viecha vom Fööd gmåcht, a jeds
nåch seina Oat, die Rindviecha nåch ihra Oat und ois, wås
ãm Bodn umanãndakräut, nåch seina Oat. Und da Scheff
håt gseng, dåss leiwãnd is. 26 Und da Scheff håt gsågt:
„Måch ma Menschn, a Büüdl von uns, aus n Gsicht grissn:
Die soin da Scheff seĩ fia die Fisch im Mea und fia die Vägl
ãm Himme und fia die Rindviecha, die Viecha ãm Fööd
und ois, wås ãm Bodn umanãndakräut.“ 27 Då håt da Scheff
in Menschn gmåcht, eam sööba aus n Gsicht grissn, wia r
a Büüdl vom Scheff håt a s gmåcht, ois Manderl und Wei-
berl. 28 Und da Scheff håt ihnan an Segn gebm und gsågt:
„Es soits Bãmbaledsch kriagn und mea wean und ibaroi
auf dera Wööd seĩ und des Sågn håbm. Es soits da Scheff
seĩ fia die Fisch im Mea und fia die Vägl ãm Himme und fia
die Rindviecha und ois, wås auf da r Ead umanãndakräut.“
29 Und da Scheff håt gsågt: „Oisa, zum Hawern geb i eich
olle Kräudln, de wås Sãman bringan, auf dera gãnzn Wööd,
und olle Bam, die wås a Fruchd trågn, wo da Sãman drin is.
30 Åba den Viechan auf da r Ead und n Vägln ãm Himme
und oim, wås ãm Bodn umanãndakräut, håb i olle Graserln
zum Hawern gebm.“ Und so is gscheng. 31 Und da Scheff håt
si ois ãngschaut, wås a gmåcht håt, und, pfäu, s woa r echt
leiwãnd. Då is Ãbmd wuan und Frua: da sechste Dåg.

2 1 So san da Himme und d Ead gmåcht wuan mid oin, wås
dazuagheat. 2 Und da Scheff håt ãm siemtn Dåg de Håckn,
wås a ghåbt håt, zua an End bråcht und håt ãm siemtn Dåg

knozt, nåch dera gãnzn Håckn, die wås a ghåbt håt. 3 Und
da Scheff håt auf n siemtn Dåg an Segn glegt und håt wås
Bsundas aus eam gmåcht, weul ãn eam håt a knozt, nåch
da gãnzn Håckn, die wås a ghåbt håt. 4 So woa des, wia da
Himme und d Ead gmåcht wuan san.

Da Noah mid sein Schwüü

Genesis 6,5–9,29

6 5 Wia da Scheff gseng håt, dåss die Leit auf dera Wööd
echte Gfrastsackln woan und dåss ois, wås a si denkt und
woin håbm, in ana Dua bäs woa, von vuan bis hintn, 6 då
håt s eam laadtãn, dåss a de Menschn gmåcht håt auf dera
Wööd, des håt eam einegschnittn mittn ins Heaz. 7 Ea håt
gsågt: „I wüü n Menschn, de wås i gmåcht håb, die Gas
ådrahn auf dera gãnzn Wööd, von die Menschn bis zu die
Viecha und bis zu oim, wås ãm Bodn kräut, und bis zu die
Vägl ãm Himme; weu s duad ma laad, dåss i s gmåcht håb."
8 Åba mid n Noah håt da Scheff a Eĩsegn ghåbt. 9 Des is
die Gschicht vom Noah und von seine Gschråppn: Da Noah
woa r a echt guada Lådsch zu seina Zeid, ea is mid n Scheff
duach s Lebm gãngan. 10 Und ea håt drei Buam ghåbt: in
Sem, in Ham und in Jafet. 11 Åba in dn Scheff seine Augn
woa die Wööd a r echte Oaschpartie, nix ois wia Gwoit.
12 Da Scheff håt si d Wööd ãngschaut: Nå wås? S woa r a
Oaschpartie, weu des woan olle Gfrastsackln, so wia die
glebt håbm. 13 Då håt da Scheff zum Noah gsågt: „Es Fleisch
håt bei mia ausgschissn, und zwoa a jeds, weu wegn die
is die Wööd voi von Gwoit. Heast, i wüü s midsåmt da r
Ead zamerschern. 14 Måch da r an Kåstn aus Tãnnanhoiz,
måch Kabinan eine und dua r eam innan und außn mid
Pech ådichtn. 15 Und aso soist eam måchn: hundertfuffzg

Meter lãng, finfazwanzg Meter braad und fuffzehn Meter
hoch. 16 Obm soist a Dåch von an hoibm Meter draufduan,
und måch auf da Seitn a Dia und drei Stockweak, aans
untn, a Mezzanin und aans obm. 17 Schau, i wüü s auf d Ead
waschln låssn ohne End, damid ois, wås unta m Himme an
Schnaufa måcht, hinich wiad. Ois, wås auf dera Wööd is, soi
a Bangl reißn. 18 Åba mid dia wül i ma wås ausmåchn. Du
soist in Kåstn eine, mid deine Buam, mid deina Oidn und
mid die Oidn von deine Buam. 19 Und von olle Viecha, von
oim Fleisch soist imma zwaa in dn Kåstn bringan, damid s
mid dia ibalebm, a Manderl und a Weiberl. 20 Von die Vägl
nåch ihra Oat, von die Rindviecha nåch ihra Oat, und von
oim, wås auf da r Ead kriacht, nåch seina Oat – von die olle
soin imma zwaa zu dia eine, damid s ibalebm. 21 Und du
soist da von oim, wås ma so hawert, wås nehman und bei
dia eĩlågan, dãnn håbts wås zan Hawern." 22 Und da Noah
håt ois gmåcht, wås da Scheff eam gschåfft håt, genau aso.

7 1 Dãnn håt da Scheff zum Noah gsågt: „Kräu eine in Kåstn,
du und deine Leit, weu wãnn i ma zu dera Zeid di ãnschau,
bist a Guada. 2 Von die saubern Viecha nimmst da imma
sieme, es Manderl und es Weiberl, åba von die graupertn
nimmst zwaa, es Manderl und es Weiberl. 3 Aa bei die Vägl
vom Himme imma sieme, es Manderl und es Weiberl,
damid s auf dera gãnzn Wööd a no a Lebm gibt. 4 Weu
heit in siebm Dåg wül i s waschln låssn auf d Ead, gãnze
vierzg Dåg lãng, und wüü oin auf dera Wööd, wås i gmåcht

håb, oin Lewendichn die Gas ådrahn.“ 5 Und da Noah håt
ois gmåcht, wås da Scheff eam gschåfft håt. 6 Und ea woa
sechshundert Joa oid, wia ois ågsoffn is auf da r Ead. 7 Und
ea r is einegãngan in Kåstn mid seine Buam, mid seina Oidn
und mid die Oidn von seine Buam, dåss a ned åsauft. 8 Von
die saubern und von die graupertn Viecha, von die Vägl und
von dem, wås so kräut auf da r Ead, 9 san imma zwaa zum
Noah in Kåstn eine, a Manderl und a Weiberl, so wia s eam
da Scheff gschåfft håt. 10 Und wia de siebm Dåg um woan,
håt s auf da r Ead gwaschlt wia deppat. 11 Im Noah sein
sechshundertstn Lebmsjoa, ãm siebzehntn Dåg vom zweitn
Monat, ãn den Dåg is des gãnze Wåssa aussegschossn
kumman, gãnz diaf von untrisch hea, und ãm Himme san
de Schleisn aufgãngan, 12 und es håt gwaschlt auf da r Ead,
gãnze vierzg Dåg lãng. 13 Genau ãn den Dåg is da Noah in
Kåstn eine, mid n Sem, in Ham und n Jafet, seine Buam,
mid seina Oidn, und mid die drei Oidn von seine Buam,
14 dazua no s Wüüd nåch seina Oat, olle Viecha nåch ihra
Oat, ois, wås ãm Bodn umanãndkräut nåch seina Oat, olle
Vägl nåch ihra Oat, ois, wås fliagn kännan und Fliagl ghåbt
håt. 15 De olle san zum Noah in Kåstn eine, imma zwaa von
an jedn Fleisch, wås an Schnaufa måcht. 16 Und des woan
Manderl und Weiberl von an jedn Fleisch, und se san
einegãngan, wia s da Scheff eam geschåfft håt. Und dãnn
håt da Scheff hinta r eam zuagsperrt. 17 Und es håt vierzg
Dåg wia deppat auf d Ead gwaschlt, s Wåssa is mea wuan,
håt n Kåstn in d Häh ghobm und eam trågn. 18 Und s woa ka

End mid n Wåssa, es is ollaweu mea wuan, und da Kåstn is
drauf gfoan wia r a Schinakl. 19 Und es Wåssa is ollaweu no
imma mea wuan, bis olle Beag und Gipfe unta m Himme zua
woan. 20 Es Wåssa is siebm Meter bis iba die Beag gstãndn,
olle woan s zua. 21 Då is oin, wås si riat auf da r Ead, die
Gas ådraht wuan, n Vägln, die Rindviecha, in Wüüd und
oin, wås auf da r Ead gwurlt håt, und oin Menschn. 22 Ois,
wås an Schnaufa måchn kãnn und ãm Drockanan glebt håt,
håt a Bangl grissn. 23 So is ois, wås auf da r Ead gebm håt,
päule gãngan, von die Menschn bis zu die Rindviecha und
die Viecha, de wås ãm Bodn umanãndkräut san, und bis zu
die Vägl ãm Himme: Olle san s päule gãngan von da r Ead.
Nua da Noah is ibrig bliebm, und wås mid eam im Kåstn
woa. 24 Und hundertfuffzg Dåg lãng håt s ollaweu no mea
Wåssa auf d Ead gwaschlt.

8 1 Då håt da Scheff auf n Noah denkt und auf s Wüüd und
auf die Rindviecha, de wås mid eam im Kåstn woan, und
ea håt auf da r Ead an Wind kumman låssn: Då is s Wåssa
zruckgãngan. 2 Gãnz diaf von untrisch hea is ka Wåssa
mea aussegschossn kumman, de Schleisn ãm Himme san
zuagãngan und vom Himme åbe håt s nimma gwaschlt.
3 S Wåssa auf da r Ead is zruckgãngan, nåch hundertfuffzg
Dåg is s weniga wuan, 4 und ãm siebzehntn Dåg vom siemtn
Monat håt s n Kåstn ãm Beag Ararat hĩgsetzt. 5 Bis zum
zehntn Monat is s Wåssa ollaweu weniga wuan, und ãm
easchtn Dåg vom zehntn Monat håst scho a Spitzl von die

Beag gseng. 6 Nåch vierzg Dåg håt da Noah ãm Kåstn, den
wås a gmåcht ghåbt håt, s Fensta aufgmåcht 7 und håt an
Råbn ausselåssn; dea is ollaweu hin und hea gflogn, solãng
s Wåssa auf da r Ead ned vadrickert woa. 8 Nach den håt
a r a Dauberl fliagn låssn, damid a siacht, ob si s Wåssa
auf da r Ead scho gschlichn håt. 9 Åba weu die Daubm nix
gfundn håt, dåss n Haxn hĩsetzt, is wieda zruck zu eam in
Kåstn, weu s woa no Wåssa auf da gãnzn Ead. Då håt a sei
Hãnd ausgstreckt und håt s in Kåstn eineghoit. 10 Nå, håt a
siebm Dåg gwoat, dãnn håt a no amoi s Dauberl aus n Kåstn
fliagn låssn. 11 Und gegn Ãbmd is zu eam zruckkumman,
und, siachst as, håt s a ågrissanes Bladl von an Olivnbam
im Schnåbe ghåbt. Då håt da Noah ibarissn, dåss es Wåssa
auf da r Ead scho zsãmmgrunnan woa. 12 Åba er håt no
amoi siebm Dåg gwoat, dãnn håt a s Dauberl aus n Kåstn
fliagn låssn, und sie is nimma zruck zu eam. 13 Im sechshun-
dertundeaschtn Joa, ãm easchtn Dåg vum easchtn Monat
woa s Wåssa vadrickat auf da r Ead. Då håt da Noah s Dachl
von dem Kåstn åbetãn und gseng, dåss da Eadbodn drockn
woa. 14 Und ãm siemazwanzigstn Dåg vum zweitn Monat
woa d Ead gãnz drockn. 15 Då hå da Scheff mid n Noah gredt
und gsågt: 16 „Kräu ausse aus n Kåstn, du und dei Oide,
deine Buam und die Oidn von deine Buam. 17 Olle Viecha,
de wås bei dia san, s gãnze Fleisch, die Vägl, s Vieh und ois,
wås ãm Eadbodn umanãndkräut, soist aussefian, damid s
umanãndawurln auf da r Ead, dåss Junge kriagn und mea
wean auf da r Ead.“ 18 Då is da Noah aussekräut mid seine

Buam und mid seiner Oidn und mid die Oidn von seine
Buam, 19 und olle wüüdn Viecha, ois Vieh, olle Vägl und ois,
wås ãm Bodn umanãndakräut, san aa aus m Kåstn ausse, a
jeda mid seiner Partie. 20 Åba da Noah håt n Scheff an Altar
baut: Von an jedn saubern Viech håt a r aans gnumman und
von an jedn saubern Vogl und håt mid denan a Brãndopfer
gmåcht. 21 Und da Scheff håt grochn, wia gschmackig dåss
des riacht, und då håt a si gsågt: „I wüü d Ead ned no amoi
wegn di Menschn åbedrahn. Weu soboid s kane Gschråppn
mea san, is ois, wås sa si denkn und woin, in ana Dua bäs.
I wüü ned no amoi ois Lewendiche niedaprackn, wia r i s
gmåcht håb. 22 Solãng die Ead is, soi kaa End seĩ mid Aus-
saan und Eantn, mid da Köötn und da Hitz, mid Summa
und Winta und mid Dåg und Nåcht.“

9 1 Da Scheff håt n Noah und seina Mischpoche ois Guade
zuagsågt und håt Foigendes gredt: „Es soits Gschråppn
kriagn, mea wean und ibaroi auf dera Wööd seĩ. 2 Olle
Viecha ãm Fööd und olle Vägl ãm Himme, ois, wås ãm Bodn
umanãndawurlt, und olle Fisch im Mea soin an Spundus vua
r eich håbm und soin ziddan vua r eich: De san in eichara
Gwoit. 3 Ollas, wås si riat und wås lewendich is, kännts
hawern. Des ollas kriagts von mia wia die greanan Kräutln.
4 Åba essts kaa Fleisch midsãmt n Bluad, wo s Lebm drin is.
5 I wüü aa eicha Bluad, an jedn sei Lebm wül i zruckvalãngan;
i wüü s zruckvalãngan von an jedn Viech und n Menschn sei
Lebm von an jedn Menschn. 6 Wea an Menschn sei Bluad

päule gehn låsst, dem sei Bluad soi durch die Menschn aa
päule gehn, weu da Scheff n Menschn gmåcht håt ois a Büüdl
vum Scheff. 7 Es soits Gschråppn kriagn, mea wean und auf
da r Ead umanãndawurln, dåss a Massa von eich gibt.“ 8 Und
da Scheff håt zum Noah und seine Leit, de wås dabei woan,
gsågt: 9 „Schauts, i måch ma jetz wås aus mid eich und mid
eichara Mischpoche, 10 mid olle Viecha, de wås bei eich san,
mid die Vägl, mid n Vieh und mid olle Viecha, de wås bei
eich auf da r Ead san, mid olle, de wås aus n Kåstn ausse-
kräut san, mid oin, wås lebt auf da r Ead. 11 Und jetza måch
i ma mid eich aus, dåss ned no amoi ois, wås a Fleisch håt,
im Wåssa åsaufn soi; es soi ned no amoi so waschln, dåss s
d Ead zsãmmhaut.“ 12 Und da Scheff håt gsågt: „Des is des
Zeichn fia des, wås i ma mid eich ausgmåcht håb und mid
olle Viecha, de wås s bei eich håbts, fia imma und ewich:
13 I schtöö mein Bogn auf in die Woikn. Dea soi des Zeichn
seĩ fia des, wås i ma ausgmåcht håb mid da r Ead. 14 Und
aso wiad s seĩ: Wãnn i mid die Woikn a Wetter måch iba da
r Ead, kännts in die Woikn den Bogn segn. 15 Dãnn denk i
auf des, wås i ma fia imma und ewich ausgmåcht håb mid
eich und mid olle Viecha, mid oin, wås lebt: A so a Massa
Wåssa soi s nie mea gebm, dåss ois, wås a Fleisch håt, åsauft.
16 Wegn den wiad in die Woikn mei Bogn seĩ: I wea eam seng
und auf des denkn, wås fia imma und ewich ausgmåcht is
zwischn n Heagod und olle Viecha, mid oin, wås a Fleisch
håt auf dera Wööd.“ 17 Und da Scheff håt zum Noah gsågt:
„Des is des Zeichn fia des, wås i ma ausgmåcht håb mid oin,

wås a Fleisch håt auf dera Wööd.“ [18] Dem Noah seine Buam,
de wås aus m Kåstn kumman san, des woan da Sem, da Ham
und da Jafet. Und da Ham is dem Kanaan sei Voda. [19] Des
san dem Noah seine drei Buam; und von denan hea san olle
Menschn auf dera Wööd. [20] Åba da Noah, dea wås a Bauer
woa, håt ois Easchta an Weĩbeag pflãnzt. [21] Und wia r a von
dem Weĩ biberlt håt, håt a r an Schwüü kriagt und is nåckert
in sein Zööt glegn. [22] Då håt da Ham, dem Kanaan sei Voda,
die Gogerln von sein Vodan gseng, und ea is ausse und håt s
seine Briada dazööt. [23] Då håbm da Sem und da Jafet a Gwãnd
gnumman, håbm si s iba d Schuitan glegt, san rickweaz eine
und håbm ihrn Vodan sei Pfuigack zuadeckt. Sie håbm extra
woãndas hĩgschaut, nua dåss ned ihrn Vodan sei Pfuigack
sengan. [24] Wia da Noah aufgwåcht is von sein Schwüü, is a
draufkumman, wås sei jingsta Bua då Oages gmåcht håt.
[25] Drauf håt a gsågt: „Varflucht soi a seĩ, da Kanaan, und da r
ollaletzte Schakl fia seine Briada!“ [26] Und ea håt aa no gsågt:
„Da Scheff, dem Sem sei Heagod, is leiwãnd; dem soi da
Kanaan n Schakl måchn! [27] Da Scheff soi in Jafet a Rutschn
legn und eam in die Zööte vom Sem dahaam seĩ låssn, und
da Kanaan soi eam n Schakl måchn!“ [28] Nach dera Gschicht
midn Oaschfoi Wåssa håt da Noah no dreihundertfuffzg Joa
glebt. [29] In Gãnzn håt a s auf neinhundertfuffzg Joa bråcht,
dãnn håt a die Bådschn gstreckt.

Wia da Jakob sein Bruada bedacklt

Genesis 25,19–34; 27,1–28,19

25 19 Des is die Gschicht von die Buam vom Isaak, dea da
Bua vom Abraham woa: In Isaak sei Voda woa da Abraham.
20 Da Isaak woa r åba vierzg Joa oid, wia r a die Rebekka
gheirat håt, s Madl vom Betuël, dea wås a Aramäer aus
Mesopotamien woa; und da Laban, a Aramäer, woa r ihr
Bruada. 21 Da Isaak håt åba in Scheff ãnbenzt wegn seina
Oidn, weu s kane Gschråppn kriagt håt. Und da Scheff is
waach wuan, und die Rebekka, sei Oide, is schwãnga wuan.
22 Und wia si die Gschråppn in ihra Wãmpn gstessn håbm,
håt s gsågt: „Heast, wãnn s des jetz woa: Fia wås bin i
schwãnga wuan?“ Und sie is gãngan, dåss sa si vom Scheff
Ezzes gebm låsst. 23 Und da Scheff håt gsågt zu ihr: „Des san
zwa Vööka, då drin in dia, aus dein Bauch wean zwa Vööka
aussekumman; s aane Voik wiad vüü steaka seĩ ois wia s
ãndare, und da Öötare wiad n Jingan n Schani måchn.“
24 Und wia s so weit woa, dåss s as auf d Wööd bringt, siachst
as, woan Zwülling in ihr drin. 25 Da Easchte, dea wås ausse-
kumman is, woa mea aso rot und volla Hoa, wia r a Föö,
und sie håbm eam Esau ghaaßn. 26 Hintnåch is sei Bruada
kumman, dea håt mid da Hãnd n Esau sei Feaschn ghoitn,
und sie håbm eam Jakob ghaaßn. Sechzg Joa woa da Isaak
oid, wia s auf d Wööd kumman san. 27 Wia die Buam gräßa
wuan san, is da Esau a Jäger wuan und håt si auf die Fööda

umanãndatriebm, åba da Jakob woa r a Guada, dea is bei
die Zööte bliebm. 28 Und da Esau woa dem Isaak sei Zucka-
goscherl, weul a a Freid ghåbt håt, a Wüüd hawern, åba
da Rebekka ihr Zuckagoscherl woa da Jakob. 29 Amoi, wia
da Jakob si wås kocht håt, is da Esau vom Fööd kumman
und woa echt hinich. 30 Då håt a zum Jakob gsågt: „Låss
mi des Rode då hawern, des rode Zeig; i bin echt hinich."
Wegn den haaßt a Edom, da Rode. 31 Sågt da Jakob: „Dãnn
vascheppa ma jetz glei dein Plåtz ois Easchta!" 32 Da Esau
håt eam gsågt: „Heast, i reiß eh glei a Bangl; fia wås brauch
i då n Plåtz ois Easchta?" 33 Sågt da Jakob: „Dãnn gibst ma
dei Ehrnwuat!" Und ea håt s eam gebm und eam so sein
Plåtz ois Easchta vascheppat. 34 Då håt eam da Jakob a Brod
gebm und des Gmachtl aus Linsn, und ea håt ghawert und
biberlt, is aufgstãndn und gãngan. So håt da Esau auf sein
Plåtz ois Easchta pfiffn.

27 1 Wia da Isaak scho oid woa und schasaugert wuan is, håt
a n Esau gruafn, sein öötarn Buam, und håt zu eam gsågt:
„Mei Bua!" Drauf ea: „Då bin i!" 2 Sågt ea: „Schau, oid bin
i wuan und waaß ned, wãnn i die Bådschn streck. 3 Heast,
nimm dei Graffl, in Köcher und n Bogn, geh auf s Fööd
und jåg ma r a Wüüd, 4 und richt ma r a Papperl, wia r i s
måg, und bring ma s eine. I mechad hawern, damid i da in
Segn geb, bevua r i die Bådschn streck." 5 Åba die Rebekka
håt des gheat, wia da Isaak mid n Esau, sein Buam, gredt
håt. Wia da Esau ausse is auf s Fööd, dåss a r a Wüüd jågt

und haambringt, 6 håt die Rebekka zum Jakob, ihrn Buam,
gsågt: „Huach, i håb gheat, wia dei Voda zum Esau, dein
Bruada, gsågt håt: 7 ‚Bring ma r a Wüüd und richt ma r a
Papperl, weul i mechad hawern und da n Segn vom Scheff
gebm, bevua r i die Bådschn streck.‘ 8 Jetz hea, wås i da såg,
mei Bua, und måch, wås i da schåff: 9 Geh zu die Ziegn und
bring ma zwei scheene Böck, damid i dein Vodan a Pap-
perl richt, wia r a s måg. 10 Des bringst dein Vodan eine,
dåss a hawert und da in Segn gibt, bevua r a die Bådschn
streckt.“ 11 Da Jakob håt åba zua Rebekka, seiner Mamsch,
gsågt: „Heast, da Esau, mei Bruada, håt ibaroi Hoa und i
håb goa kaane! 12 Wãnn a mi ãm End ågreift und fia eam
des so ausschaut, ois woitat i eam bedackln, dãnn winscht a
ma ‚Geh sterbm!‘ stått an Segn.“ 13 Då håt sei Muatta zu eam
gsågt: „Des soi mi treffn, wãnn a da wås Oages ãn dn Hois
winscht! Måch nua, wås i da såg, Bua, geh und hoi s ma!“
14 Då is a los, håt s ghoit und seina Muatta bråcht. Då håt sei
Muatta a Papperl gricht, wia s sei Voda mägn håt. 15 Und sie
håt m Esau, ihrn öötarn Buam, sei Aansapanier gnumman,
de wås bei ihr in da Hittn woa, und håt s n Jakob, n jingarn
Buam, ãnzogn. 16 Und s Föö von die Ziegn håt s eam auf d
Händ tãn und ãm Hois, duat, wo r a glått woa. 17 Dãnn håt
s des Papperl und aa des Brod, wås gmåcht håt, in Jakob,
ihrn Buam, in die Hãnd druckt. 18 Ea is eine zu sein Vodan
und håt gsågt: „Mei Voda!“ Sågt ea: „Då bin i! Und wer bist
du, mei Bua?“ 19 Håt da Jakob zu sein Vodan gsågt: „I bin da
Esau, dei Easchtgeborana; i håb gmåcht, wia s d as ma gsågt

håst. Kumm, setz di auf und hawer wås von dem Wüüd,
dåss d ma n Segn gebm kãnnst.“ [20] Åba da Isaak håt zu sein
Buam gsågt: „Wia håst du so boid wås gfundn, Bua?“ Sågt
ea drauf: „Da Scheff, dei Heagod, håt des so gricht.“ [21] Då
håt da Isaak zum Jakob gsågt: „Kumm hea zu mia, Bua, und
låss di ãngreifn, ob s d mei Bua Esau bist oda ned.“ [22] Nå, is
da Jakob zu sein Vodan Isaak hĩ. Dea håt eam ådatscht und
gsågt: „Die Stimm is die vom Jakob, åba die Händ san dem
Esau seine.“ [23] Und ea håt des ned ibarissn, weu seine Händ
volla Hoa woan wie die vom Esau, sein Bruada. Ea håt eam
sein Segn gebm [24] und gsågt: „Bist du frãnk da Esau, mei
Bua?“ Sågt ea: „Eh kloa, i bin s.“ [25] Då håt ea gsågt: „Dãnn
schtöö hea, mei Bua; i wüü a Wüüd hawern, dãnn kãnn i da
n Segn gebm.“ Då håt a s eam bråcht, und ea håt ghawert;
aa mid an Weĩ is a zu eam, und ea håt biberlt. [26] Da Isaak,
sei Papsch, håt zu eam gsågt: „Kumm hea und gib ma a
Bussl!“ [27] Ea is hĩ zu eam und håt eam a Bussl gebm. Då håt
a grochn, wia sei Gwãnd riacht, håt eam in Segn gebm und
gsågt: „Heast, mei Bua riacht wia s Fööd, des in Scheff sein
Segn håt. [28] Da Scheff soi da vom Tau vom Himme gebm
und vom Bestn, wås die Ead trågt, und Keandln und Weĩ
ohne End. [29] Vööka soin fia di hackln, Nationen soin si ãm
Bodn schmeissn vua dia. Du soist es Sågn håbm iba deine
Briada; deina Muatta ihre Buam soin si ãm Bodn schmeissn
vua dia. Wea di varflucht, soi varflucht sein; wea da an Segn
gibt, soi an Segn håbm.“ [30] Wia da Isaak fertig woa in Jakob
segnan, kaum, dåss da Jakob ausse woa von sein Vodan

Isaak, is da Esau, sei Bruada, von da Jågd kumman, 31 håt aa
wås zum Hawern gmåcht, håt s sein Vodan einebråcht und
zu eam gsågt: „Setz di auf, Voda, und hawer wås vom Wüüd
von dein Buam, damid s ma n Segn gebm kãnnst.“ 32 Då
håt da Isaak, sei Voda, zu eam gsågt: „Wea bist n du?“ Sågt
ea: „I bin da Esau, dei Bua, da easchte.“ 33 Då is n Isaak ois
åbegfoin, so håt a si gschreckt, und håt gsågt: „Und wea woa
dãnn dea, dea wås a Wüüd gjågt und mia bråcht håt? I håb
von den Gãnzn ghawert, bevua du kumman bist, und håb
eam n Segn gebm, und den wiad a r aa bhoitn.“ 34 Wia da
Esau des von sein Vodan gheat håt, håt a r a muads Gschraa
gmåcht und woa ãngfressn ois wia und håt zu sein Vodan
gsågt: „Gib ma r aa an Segn, Voda!“ 35 Sågt dea: „Dei Bruada
håt mi bedacklt und håt dein Segn gfladert.“ 36 Då håt ea
gsågt: „Des passt, dåss a Jakob haaßt, weu jetz håt a mi scho
zwaa Moi bedacklt. Mein Plåtz ois easchta håt a ma gflaucht
und jetz aa no mein Segn.“ Und ea håt gsågt: „Håst kan Segn
mea fia mi?“ 37 Då håt da Isaak drauf zum Esau gsågt: „I håb
eam zum Scheff gmåcht iba di, und dåss olle seine Briada
fia eam n Schani måchn soin, Keandln und Weĩ håb i eam
gebm: Wås kãnn i då jetza no måchn fia di, mei Bua?“ 38 Håt
da Esau zu sein Vodan gsågt: „Håst du echt nua den aan
Segn, Voda? Gib ma aa an Segn, Voda!“ Und ea håt gãnz laut
blaazt. 39 Då håt da Isaak eam die Ãntwuat gebm: „Schau, du
wiast lebm, ohne dåss d Ead recht vü trågt und ohne dåss
vum Himme da Tau kummt. 40 Du wiast von dein Schweat
lebm miassn und fia dein Bruada hackln. Åba da Dåg wiad

kumman, dåss a dia nimma im Gnack sitzt.“ 41 Då woa da
Esau ãngfressn auf n Jakob wengan Segn, den wås dea von
sein Vodan kriagt håt, und ea håt so fia si gsågt: „Is nimma
lãng, und mia wean Trauer hoitn miassn fia n Vodan; dãnn
wea r i n Jakob, mein Bruada, haamdrahn.“ 42 Da Rebekka
håbm s des gsteckt, wås da Esau, ihr öötara Bua, gsågt håt.
Då håt s an gschickt, håt n Jakob, in jingarn Buam, hoin
låssn und zu eam gsågt: „Heast, da Esau, dei Bruada, is
haaß auf di und wüü di haamdrahn. 43 Und jetz hea, wås i
da såg, mei Bua: Marschier und schau, dåss d nåch Haran
zum Laban kummst, zu mein Bruadan. 44 Bei den bleibst a
Weu, solãng, bis dei Bruada nåchlåsst mid sein Gizi, 45 bis
dei Bruada kan Grant mea håt auf di und ea vagisst, wie
du eam håst eĩfoan låssn. Dãnn wea r i an schickn und di
von duat hoin låssn. Fia wås soitat i eich beide ãn aan Dåg
valian?“ 46 Und die Rebekka håt zum Isaak gsågt: „S Lebm
gfreit mi nimma, wegn die Hetiterinnen. Wãnn da Jakob
aane von die Hetiterweiba heirat, aans von di Menscha aus
den Lãnd, wås brauch i dãnn no lebm?“

28 1 Då håt da Isaak in Jakob, sein Buam, gruafn und eam
an Segn gebm; ea håt eam gschåfft und håt gsågt: „Nimm
da kaane von di Menscha von Kanaan ois dei Oide, 2 sundan
marschier und geh zum Betuël seina Hittn, nåch Mesopo-
tamien, zum Vodan von deina Muatta, und duatn nimmst
da aane von die Madln vom Laban, in Bruada von deina
Muatta. 3 Und da Heagod, da Scheff, soi da sein Segn gebm,

dåss d Gschråppn kriagst und mea wiast, ned nua a Voik,
sundan a Schippe foi. 4 Ea soi da in Abraham sein Segn
gebm, dia und deine Leit, dåss des Lãnd, in dem s d jetz ois
a Zuagraasta lebst, des Lãnd, wås da Heagod in Abraham
gebm håt, dåss des dia gheat.“ 5 Des håt da Isaak in Jakob
mitgebm, und dea is nåch Mesopotamien zum Laban
gãngan, dea wås da Bua vom Betuël, an Aramäer, woa, da
Bruada von da Rebekka, da Muatta vom Jakob und vom
Esau. 6 Wia da Esau des gspãnnt håt, dåss da Isaak in Jakob
n Segn gebm und eam nåch Mesopotamien gschickt håt,
dåss a si duat a Oide suacht (weu ea håt eam jå sein Segn
gebm und eam gschåfft: „Nimm da kaane von di Menscha
von Kanaan ois dei Oide!“), 7 und dåss da Jakob sein Vodan
und seina Muatta gfoigt håt und nåch Mesopotamien
gãngan is, 8 då håt da Esau ibanåsert, dåss da Isaak, sei
Voda, die Madln aus Kanaan ned so leiwãnd findt. 9 Då is a
hĩ zum Ismaël und håt si zu die Fraun, die a scho ghåbt håt,
die Mahalat ois Oide gnumman, dem Ismaël sei Madl, dea
dem Abraham sei Bua woa; sie woa da Nebajot ihr Schwe-
ster. 10 Åba da Jakob is aus Beerscheba in Richtung Haran
zogn 11 und is zu an heulichn Platzl kumman, då is a iba
Nåcht bliebm, weu die Sunn scho fuat woa. Und ea håt si
an Staa von dem Platzl gnumman, håt si eam unta n Plutzer
tãn und si ãn den Plåtz büüsln glegt. 12 Und ea håt dramt,
då woa r a Laata auf da r Ead, die is mid n End obm bis
zum Himme gãngan, und, glaubst as, dem Scheff seine Engl
san auf dera auffe- und åbekräut. 13 Und gãnz obm is da

Scheff gstãndn und håt gsågt: „I bin da Scheff, da Heagod
vom Abraham und vom Isaak, dein Vodan. Des Lãnd, wo
du gråd liagst, des wül i dia und deine Nåchkumman gebm.
14 Und deine Leit soin wean wia da Luach ãm Bodn: Du soist
aussegengan bis nåch Westn und Ostn, nåch Nordn und
Südn, in dia soi a jeds Voik auf Eadn an Segn håbm und
deine Leit aa. 15 Huach: I bin bei dia und schau auf di ibaroi,
wo s d hĩgehst, und i wea di zruckbringn in des Lãnd. Echt,
i valåss di ned, bis des ois gschicht, wås i da zuagsågt håb."
16 Då is da Jakob wieda aufgwåcht und håt gsågt: „Frãnk, da
Scheff is dåda dahaam, und i håb s ned gwusst!" 17 Då is eam
da Schiach ãngãngan und ea håt gsågt: „Wås is des fia r a
heulichs Platzl! Nix ãndas is des ois wia n Scheff sei Hittn,
des is die Dia zum Himme!" 18 Und da Jakob is aufgstãndn,
gãnz in da Frua, håt den Staa, auf den a n Schädl glegt håt,
gnumman und hĩgschtööt wia r a Säun und håt Öö driba
gossn. 19 Und ea håt den Plåtz Bethel ghaaßn: dem Scheff sei
Hittn; vuahea håbm s åba Lus zu dera Ståådt gsågt.

Da Josef und seine Briada

Genesis 37; 39,1–46,7.28–30

37 1 Da Jakob håt in den Lãnd gwohnt, wo sei Voda no a Zuagraasta woa, im Lãnd Kanaan. 2 Und jetza kummt die Gschicht von die Gschråppn vom Jakob: Da Josef woa siebzehn Joa oid, a Hiat bei die Lampln, zsãmm mid seine Briada; ea håt n Schani gmåcht fia die Buam von da Bilha und da Silpa, de wås Fraun von sein Vodan woan. Wãnn si die Buam die Goschn zrissn håbm, håt s da Josef ihrn Vodan gsteckt. 3 Da Israel håt åba n Josef mea mägn ois olle ãndan von seine Buam, weul a da Bua woa, den a kriagt håt, wia r a scho recht oid woa, und ea håt fia eam a fårbigs Gwandl gmåcht. 4 Wia seine Briada gspãnnt håbm, dåss da Voda eam mea måg ois olle seine Briada, håbm s an Pick kriagt auf eam; ned amoi gscheid „Servas“ sågn håbm s no zsãmmbråcht. 5 Und dãnn håt a r amoi a no wås dramt und håt s seine Briada dazööt; då håbm s an no gräßan Pick ghåbt auf eam. 6 Weul a håt zu ihnan gsågt: „Heat s eich ãn, wos i dramt håb! 7 Mia woan gråd ãm Fööd und håbm Heumandln gmåcht, då is mei Heumandl aufrecht gstãndn, åba eichare håbm si im Kraas zuwegschtööt und håbm si vua mein Heumandl vabeugt.“ 8 Då håbm seine Briada zu eam gsågt: „Bist du schårf drauf, unser Kenich seĩ und bei uns n Scheff spüün?“ Und sie håbm an no an gräßan Pick ghåbt auf eam wegn den, wås a dramt und

gsågt håt. 9 Und ea håt no amoi wås dramt, des håt a seine
Briada dazööt und gsågt: „I håb no wås dramt: Då håbm si
die Sunn und da Mond und ööf Schtean vua mia vabeugt.“
10 Wia r a des sein Vodan und seine Briada dazööt håt, håt
dea eam ãngschrian und gsågt: „Wås is des fia r a Dram, den
s dramt håst? Soin frãnk i und dei Muatta und deine Briada
kumman und si auf d Ead schmeissn vua dia?“ 11 Und seine
Briada woitn des ois nimma mid eam; åba sei Voda håt
si des gmerkt, wås a gsågt håt. 12 Amoi woan seine Briada
fuat, dåss auf die Lampln vom Vodan schaun, in Sichem,
13 då håt da Israel zum Josef gsågt: „San deine Briada ned
gråd in Sichem bei die Lampln? Kumm, i schick di duathĩ.“
Sågt ea: „Gschamster Diener.“ 14 Und ea håt gsågt: „Geh
hĩ und schau, ob eh ois leiwãnd is mid deine Briada und
mid die Viecha, und dãnn sågst ma, wia s ausschaut.“ So
håt a r eam weggschickt aus n Doi von Hebron, und ea is
nåch Sichem kumman. 15 Duat håt eam aana troffn, wia r a
gråd ãm Fööd umanãnd is, und dea håt eam gfrågt: 16 „Wås
suachst n?“ Sågt ea: „Meine Briada suach i. Geh, såg ma,
wo di san mid die Lampln.“ 17 Dea Mã håt gsågt: „De san
scho päule; i håb gheat, wia s gsågt håbm: ‚Gemma nåch
Dotan.‘“ Då is da Josef seine Briada hintnåch und håt s in
Dotan gfundn. 18 De håbm eam scho von da Weitn kumman
gseng, und ea woa no ned bei ihnan, håbm sa si haamlich
ibalegt, dåss eam haamdrahn. 19 Untranãnd håbm s gredt:
„Schauts, då kummt a, da Hea Dramberger! 20 Kummts,
drah ma n haam; schmeiss ma eam in a Wåssagruabm und

såg ma: ‚A wüüds Viech håt eam gfressn.' Dãnn wiad ma scho segn, wås mid seine Dram wiad.“ 21 Wia da Ruben des gheat håt, woit a eam rettn aus ihra Gwoit und håt gsågt: „Drah ma eam ned haam!“ 22 Und da Ruben håt so gsågt: „Bluad soi kaans fliaßn! Schmeißts eam in die Gruabm då in da Wüüstn, åba riats eam ned ãn!“ Weu ea woit eam aus ihra Gwoit rettn und zruck zu sein Vodan bringan. 23 Wia da Josef zu seine Briada kumman is, håbm s eam des fårbige Gwandl auszogn, wås a ãnghåbt håt. 24 Sie håbm eam gnumman und in die Gruabm gschmissn; die Gruabm woa r åba lea und ka Wåssa drin. 25 Und sie håbm si hĩgsetzt, dåss hawern, und wia s aufschaun, sengan s a Karawane von Ismaëliter, de von Gilead kumman mid ihre Kamöö, de wås so Balsam und Räucherzeugs trågn håbm; de woan nåch Ägyptn untawegs. 26 Då håt da Juda zu seine Briada gsågt: „Wås hamma davon, wãnn ma unsan Bruada haamdrahn und sei Bluad unta da Deckn hoitn? 27 Kummts, mia vascheppan eam ãn die Ismaëliter, damid unsare Händ eam nix ãntuan, weu ea is unsa Bruada, unsa Fleisch und Bluad!“ Und seine Briada håbm auf eam gheat. 28 Wia dãnn då gråd die Händler aus Midian daheakumman san, håbm s eam ausseghoit aus da Gruabm und eam um zwanzg Stickln Süüba ãn die Ismaëliter vascheppat; die håbm in Josef auf Ägyptn bråcht. 29 Wia da Ruben wiada zruckkumman is zu dera Gruabm und in Josef ned gfundn håt, håt a si s Gwãnd zrissn, 30 is zruck zu seine Briada und håt gsågt: „Da Burschi is ned då! Wås soi i nua måchn?“ 31 Då håbm s dem

Josef sei Gwandl gnumman, håbm an Ziegnbock gschlåcht
und es Gwandl eĩtaucht ins Bluad. 32 Dãnn san s los mid
dem Klaadl, håbm s zu ihrn Vodan bråcht und gsågt: „Des
håmma gfundn; geh, schau, ob s dein Buam sei Klaadl is
oda ned.“ 33 Ea håt s glei kennt und håt gsågt: „Des Klaadl
gheat mein Buam! A Viech håt eam gfressn, a Viech håt n
Josef zrissn!“ 34 Und da Jakob håt sei Gwãnd zrissn, håt
si an Såck um seine Hüftn tãn und Trauer ghoitn um sein
Buam, hibsch a boa Dåg lãng. 35 Und olle seine Buam und
Madln san zu eam kumman, dåss eam aufbaun, åba ea woit
von an Trost nix wissen und håt gsågt: „Gschissn, wie s ma
geht, wea r i mi zu die Dodn åbeschleichen, zu mein Buam.“
So håt da Voda um sein Buam blaazt. 36 Åba die Midian-
iter håbm eam in Ägyptn vascheppat, då is a zum Potifar
kumman, des woa r a Hofråt bein Pharao, der Oberschte
von seine Leibwåchta.

39 1 Da Josef is åbebråcht wuan nåch Ägyptn; kauft von die
Ismaëliter, de wås eam åbebråcht håbm, håt eam da Potifar,
a Hofråt bein Pharao, der Oberschte von seine Leibwåchta,
a Ägypter. 2 Und da Scheff woa r auf m Josef seina Seitn,
und ea håt aafoch ois zsãmmbråcht. So håt ea glebt in da
Hittn von sein Scheff, dem Ägypter. 3 Und sei Scheff håt
gspãnnt, dass da Heagod auf seina Seitn woa, weu ois, wås
a gmåcht håt, håt da Heagod eam zsãmmbringan låssn
mid seine Händ. 4 Wegn den håt sei Scheff ghoitn auf n
Josef, und ea håt eam n Schani måchn diafn. Ea håt eam

Josef und Potifars Frau

eĩgsetzt, dåss a auf sei Hittn schaut, und ea håt ois, wås a
ghåbt håt, in sei Hãnd gebm. 5 Von den Dåg weg, wo r a eam
iba sei Hittn gsetzt håt und iba r ois, wås eam gheat håt,
håt da Scheff dem Ägypter sei Hittn auffetrågn, dem Josef
zliab, und in Scheff sei Segn woa r in oin, wås a ghåbt håt,
zhaus und ãm Fööd. 6 Ea håt bei oin, wås eam gheat håt,
n Josef måchn låssn, und weul a r eam ghåbt håt, håt a si
nua mea um sei Papperl und sei Trinkn kimman brauchn.
Und da Josef woa r a fescha Kampl, vom Gschtöö und vom
Gschau hea. 7 Und dãnn is Foigendes gescheng: Die Oide
von sein Scheff woa winnich auf eam und håt gsågt: „Dua
mi budern!“ 8 Ea håt si åba ned drauf eĩlåssn und håt gsågt:
„Huach: Weul a mi håt, kimmat si mei Scheff um goa nix
von den, wås im Haus is, und ea håt ois, wås a håt, in mei
Hãnd gebm. 9 In dera Hittn is a ned gräßa ois wia r i, und
ea håt nix fia si sööba zruckbhoitn außer dia, weu du bist
sei Oide. Wie kãnn i denn so a muads Linke drahn und wås
gengan Scheff måchn?“ 10 Und sie is eam olle Dåg zuwe-
gschtiegn mid dera Red, åba ea håt si ned auf des eĩlåssn,
dåss a si zu ihr legt und s budert. 11 Ãn aan Dåg, wia da Josef
eine is in s Haus, dåss a sei Håckn måcht, is då kaa anziga
von die gãnzn Schakln dågwesn. 12 Und sie håt eam bein
Gwãnd dawischt und gsågt: „Dua mi budern!“ Ea håt åba
s Gwãnd in ihrer Hãnd låssn, is palisiert und ausse bei da
Hittn. 13 Jetz, wia sie gseng håt, dåss a sei Gwãnd in ihrer
Hãnd glåssn håt, dåss a ausse is und päule woa, 14 håt s die
gãnzn Schakln gruafn und zu ihnan gsågt: „Schauts, då håt

a r uns den hebräischn Mã daheazaht, dåss dea si mid uns
an Kårl mâcht! Dea is frãnk zu mia kumman und woit mi
budern, åba i håb laut gschrian. 15 Wia r a gheat håt, wås i fia
r a Gschraa måch und plärr, håt a sei Gwãnd bei mia lâssn,
is palisiert und ausse bei da Dia.“ 16 Sei Gwãnd håt s nebn si
glegt, bis sei Scheff zhauskumman is, 17 und håt in dera Oat
mid eam gredt: „Der hebräische Schakl, den du uns dahea-
zaht håst, is frãnk zu mia einekumman und woit si mid
mia an Kårl måchn. 18 Wia r i a Gschraa gmåcht und plärrt
håb, håt a sei Gwãnd bei mia låssn und is ausse bei da Dia.“
19 Wia sei Scheff des gheat håt, wås sei Oide eam dazööt håt,
wia s gsågt håt: „Soichane Såchn håt dei Schakl mia ãntãn“,
is a uandlich in Såft gãngan. 20 Sei Scheff håt eam gnumman
und eam duat in Häfn gsteckt, wo im Kenich seine Gfãn-
ganan eĩgsperrt woan. Duatn woa r a oisa im Häfn. 21 Åba da
Scheff woa r auf seina Seitn und håt a Heaz ghåbt fia r eam:
Ea håt gmåcht, dåss dea, dea wås da Machatschek woa im
Häfn, auf eam ghoitn håt. 22 Ea håt olle Häfnbriada in dem
Häfn in sei Hãnd gebm, und duatn håt nix mea ohne eam
gscheng diafn. 23 Da Oberwåchta im Häfn håt sööba goa nix
mea gmåcht, weu da Scheff auf m Josef seina Seitn woa,
und wås a gmåcht håt, håt a r eam zsãmmbringan låssn.

40 1 Dãnn håt si Foigendes ågschpüüt: Dem Kenich von
Ägyptn sei Mundschenk und sei Bäck håbm a Linke draht
gegn ihrn Scheff, in Kenich von Ägyptn. 2 Und da Kenich
von Ägyptn håt an Gizi kriagt auf die Leit von sein Hof,

den obastn Mundschenk und in obastn Bäck, 3 und ea håt
s eĩgsperrt in den Häfn von den Machatschek, wo da Josef
woa. 4 Und da Machatschek håt n Josef gsågt, ea soi schaun
auf die. Ea håt fia die n Schani gmåcht, und sie woan a
uandlichs Zeiterl im Häfn. 5 Und sie håbm beide wås dramt,
da Schenk und da Bäck vum Kenich von Ägyptn, in aana
Nåcht, a jeda fia si, und a jeda Dram håt wås zum Sågn
ghåbt. 6 Wia da Josef in da Frua zu ihnan hĩ is und siacht,
wia di vua si hinstiern, 7 håt a die zwaa Leit vom Pharao, die
wås mid eam in da Hittn von sein Scheff eĩgsperrt woan,
gfrågt: „Wås måchts n heit fia r a Gsicht?“ 8 Sie håbm gsågt:
„Mia håbm wås dramt, åba mia håbm kan, dea uns sågt,
wås s haaßt.“ Sågt da Josef: „So a Gneißer is nua da Scheff;
åba schüüdats amoi!“ 9 Då håt da obaste Schenk in Josef
sein Dram dazööt und håt gsågt: „In mein Dram, då woa r
a Weĩstock, 10 und dea Weĩstock håt drei Rebm ghåbt, håt
austriabm und bliat, und die Weĩtraubm san reif wuan.
11 Und i håb n Pharao sein Becher in da Hãnd ghåbt, håb
die Weinberln gnumman und in den Becher ausdruckt, und
dãnn håb i n Becher n Pharao in d Hãnd gebm.“ 12 Då håt da
Josef zu eam gsågt: „Ea vadeitscht des aso: Die drei Rebm,
des san drei Däg. 13 Drei Dåg no, dãnn haaßt s vom Pharao:
‚In d Häh mid n Plutzer‘, und ea wiad di zruckkumman
låssn in dei Håckn. Und du wiast n Pharao in Becher in d
Hãnd gebm, so wie fria, wia s d no sei Mundschenk woast.
14 Åba denk ãn mi, wãnn ois leiwãnd is bei dia, und sei ma
kaa Zwidawuazn, sundan dazöö n Pharao von mia und

bring mi aus dera Hittn ausse. 15 Weu i bin jå frãnk gflaucht
wuan aus n Lãnd von die Hebräer, und dåda håb i aa nix
gmåcht, dåss mi in Häfn steckn diafn.“ 16 Wia da obaste
Bäck gspãnnt håt, dåss a r eam in Dram guad ausdeitscht
håt, håt a zum Josef gsågt: „I håb aa wås dramt: Då woan
drei Brotkearb auf mein Plutzer, mid an guadn Gebäck
drin. 17 Im Korb gãnz omad woa ois Mägliche zum Hawern,
fia n Pharao, Gebäck hoit, und die Vägl håbm s aus n Koab
auf mein Plutzer aussegfressn.“ 18 Då håt da Josef drauf
gsågt: „Ea vadeitscht des aso: Die drei Kearb, des san drei
Däg. 19 Drei Dåg no, dãnn haaßt s vom Pharao: ‚In d Häh
mid n Plutzer.‘ Ea wiad di aufhängan ãm Goign, und die
Vägl wean s Fleisch von dia åbafressn.“ 20 Drei Dåg späda
woa s aso, dåss n Pharao sei Geburtsdåg woa, und ea håt an
Mulatschag gmåcht fia olle seine Schakln, und fia n obastn
Schenk und fia n obastn Bäck von olle seine Schakln håt s
ghaaßn: „In d Häh mid n Plutzer.“ 21 Da Pharao håt n obastn
Schenk wieda in sei Håckn zruckkumman låssn, und ea håt
eam wieda in Becher in d Hãnd gebm. 22 Åba n obastn Bäck
håt a aufhängan låssn, genau, wia s da Josef vadeitscht
håt. 23 Da obaste Schenk håt åba nimma auf n Josef denkt,
vagessn håt a r eam.

41 1 Zwaa Joa späda håt da Pharao wås dramt: Ea steht då
gråd ãm Nüü, 2 und då siacht a siebm Kiia aus m Wåssa
steign, schee zum Ãnschaun und schee blad, de håbm auf
da Wiesn Grås gfressn. 3 Nåch denan san siebm ãndare Kiia

aus n Wåssa kumman, schiach und auszaht, und håbm si
nebn die Kiia gschtööt. 4 Und die schiachn, auszahtn Viecha
håbm die scheenan, bladn Kiia gfressn. Då is da Pharao
aufgwåcht. 5 Ea is wieda eĩbüüslt und håt wieda wås dramt:
Då san siebm Ährn von aan Hoim austriebm, braad und
guad. 6 Nåch den san siebm Ährn gwåchsn, auszaht und
vasengt vom Ostwind. 7 Und die siebm auszahtn håbm die
braadn guadn åbagfressn. Då is da Pharao aufgwåcht und
håt gspãnnt, dåss a Dram woa. 8 In da Frua woa r a ãnzipft,
und ea håt si olle seine Dramdeita und sunstign Gneißer aus
gãnz Ägyptn kumman låssn und håt dazööt, wås a dramt
håt. Åba es woa kaana dabei, dea s eam ausdeitscht hätt.
9 Då håt da obaste Schenk in Pharao ãngredt: „I muass ãn
die Linke denkn, wås i draht håb. 10 Wia da Pharao an Gizi
ghåbt håt auf seine Schakln und uns in Häfn gsteckt håt in
da Hittn von den Oberwåchta, mi und n obastn Bäck, 11 då
håmma beide in aana Nåcht wås dramt, wås auf an jedn von
uns passt håt. 12 Und då woa r a hebräischer Buasch, dem
Wåchta sei Schani, dem håmma s dazööt. Und ea håt s uns
vadeitscht, an jedn des seine, wås a dramt håt. 13 Und es is
so kumman, wia r a s uns vadeitscht håt: I håb mei Håckn
wieda und eam håbm s aufghängt.“ 14 Då håt da Pharao aan
zum Josef geschickt, und sie håbm eam aus n Häfn ghoit,
håbm eam de Hoa gschnittn und wås Neichs ãnzogn, und
ea is eine zum Pharao. 15 Då håt da Pharao zu eam gsågt: „I
håb wås dramt, und es gibt kaan, dea ma des vadeitschn
kãnn. Iba di håb i gheat: Wãnns du an Dram heast, kãnnst

eam vadeitschn.“ 16 Da Josef håt drauf zum Pharao gsågt:
„Des måch ned i, sundan da Heagod, dea wiad n Pharao
wås Guads schüüdan.“ 17 Da Pharao håt zum Josef gsågt:
„I håb dramt, i steh då ãm Ufer vom Nüü, 18 und då siach i
siebm Kiia aus m Wåssa steign, schee zum Ãnschaun und
schee blad, de håbm auf da Wiesn Grås gfressn. 19 Und
nåch denan san siebm ãndare Kiia aus n Wåssa kumman,
schiach und graupert und auszaht, so schiache håb i in gãnz
Ägyptn no ned gseng. 20 Und die siebm auszahtn, schiachn
Kiia håbm die easchtn siebm, die bladn Kiia gfressn. 21 Und
wia s die einegfressn håbm, håt ma goa nix gmerkt, dåss s
die gfressn håbm, de woan genau so schiach wie vuahea.
Då bin i aufgwåcht. 22 Dãnn håb i wieda dramt und siebm
Ährn auf aan Hoim austreibm gseng, braad und guad.
23 Nåch den san siebm Ährn gwåchsn, auszaht und vasengt.
24 Und die siebm auszahtn håbm die braadn åbagfressn. I
håbs denan Dramdeitan dazööt, åba de håbm ma s ned va-
deitschn kännan.“ 25 Da Josef håt drauf zum Pharao gsågt:
„Beide Dram vom Pharao maanan des sööbe. Da Heagod
schüüdat n Pharao, wås a vuahåt. 26 Die siebm guadn Kiia,
des san siebm Joa, und de siebm guadn Ährn, des san de
sööbm siebm Joa. Es is nua r a aanziga Dram. 27 Die siebm
auszahtn und schiachn Kiia, die nåcha aussekumman san,
des san siebm Joa, und die siebm auszahtn und vom Ost-
wind vasengtn Ährn, des san siebm Joa Flammoo. 28 Des
håb i gmaant, wia r i zum Pharao gsågt håb, dass da Heagod
n Pharao schüüdat, wås a vuahåt. 29 Huach: Es wean siebm

Joa seĩ, wo s in gãnz Ägyptn mea ois wia gnua zum Hawern
gebm wiad. [30] Und nåch den wean siebm Joa Flammoo
seĩ, dåss s sogoa des vüle, wås in Ägyptn ghåbt håbm,
vagessn, und da Flammoo wiad s Lãnd gãnz auszahn.
[31] Kaana wiad mea wissn, wia üppig des woa in Ägyptn,
bevua da Flammoo kumman is; des wiad a r echte Plåg.
[32] Und dåss da Pharao des zwaamoi dramt håt, des haaßt,
dåss da Heagod des auf jedn Foi måchn wiad und zwoa boid.
[33] Da Pharao soitat si nåch aan umschaun, dea ned deppat
is und a Hirn håt, dea soi da Machatschek seĩ in Ägyptn.
[34] Ea soitat si drum kimman, dåss Aufseher gibt im Lãnd
und dåss in die siebm üppign Joa zwanzg Prozent kassiert
wean. [35] Se soin in gãnzn Vuarråt von die guadn Joa, de
wås kumman, eĩsãmmen und die Kearndln eineschittn in
Kornheisln vom Pharao in die Städte und duat aufhebm,
[36] damid in die siebm Joa mid n Flammoo, die Ägyptn
bevuastengan, es Lãnd wås zum Hawern håt und ned ãm
Flammoo eĩgeht." [37] In Pharao und olle seine Großkopfertn
håt des gfoin, wås a gsågt håt. [38] Und da Pharao håt zu die
Großkopfertn gsågt: „Håbts es scho amoi aan gfundn, dea
wås vom Heagod hea so a Gneißer is?" [39] Und ea håt zum
Josef gsågt: „Weu da Heagod dia des ois kloagmåcht håt,
is kaana so a Viffzack und a Kapazunda wia du. [40] Du soist
es Sågn håbm iba mei Haus, und mei gãnzes Voik soi dem
foign, wås du sågst; nua um an Kenich sein Thron wül i
iba dia seĩ." [41] Und da Pharao håt no gsågt: „Soda, i setz di
iba s gãnze Lãnd Ägyptn!" [42] Und ea håt n Ring von seina

Hãnd gnumman und n Josef auf d Hãnd gebm. Ea håt eam
a Leinengwandl ãnziagn låssn und a goidane Kettn uman
Hois glegt. 43 Außadem håt a r eam auf sein zweitn Wågn
foan låssn und davua ausruafn låssn: „Da Lãndesvoda!“ So
håt a r eam iba gãnz Ägyptn gsetzt. 44 Und da Pharao håt
zum Josef gsågt: „Da Pharao bin i, åba ohne di soi kaana im
gãnzen Lãnd Ägyptn sei Hãnd oda sein Haxn rian diafn.“
45 Und ea håt eam „Zafenat-Paneach“ ghaaßn und eam die
Asenat ois sei Oide gebm; die woa in Potiferas, in Priester
von On, sei Madl. 46 Dreißig Joa woa da Josef oid, wia r a
vuam Pharao, in Kenich von Ägyptn, gstãndn is. Und da
Josef is weggãngan vom Pharao und is in gãnz Ägyptn
umadum. 47 Und in die siebm üppign Joa håt s Lãnd gnua
und mea ois wia gnua trågn. 48 Und da Josef håt n gãnzn
Vuarråt von die siebm Joa, wo vüü woa, eĩgsãmmet und in
die Städte bråcht. Es gãnze Getreide, wås auf die Fööda um
a jede Stådt umadum gwåchsn is, håt a einebråcht. 49 So håt
da Josef s Getreide eĩlågan låssn ohne End wia Sãnd ãm
Mea, dåss ins Zööн aufgheat håbm, weu s fia s Zöön zvüü
woa. 50 Und da Josef håt zwaa Buam kriagt, bevua die Zeid
vom Hunga woa; die håt eam die Asenat auf d Wööd bråcht,
die Dochda vom Potiferas, in Priester von On. 51 Und in
easchtn håt a Manasse ghaaßn; „weu da Heagod“, so håt a
gsågt, „håt mi die gãnzn Zores vagessn låssn und meine Leit
dahaam.“ 52 In ãndan håt a Ephraim ghaaßn; „weu im Lãnd
von meiner Schlamastik“, so håt a gsågt, „håt mi da Heagod
wåchsn låssn.“ 53 Dãnn san die siebm üppign Joa vuabei

gwesn, 54 und die siebm Joa Flammoo håbm ãngfãngan, so
wia da Josef gsågt håt. Und in olle Lända håbm s an muads
Flammoo ghåbt, åba in Ägyptn håt s Brod gebm, ibaroi.
55 Wia dãnn gãnz Ägyptn aa an Flammoo ghåbt håt, håbm
die Leit zum Pharao gschrian wegn an Brod. Då Pharao
håt åba zu die gãnzn Ägypter gsågt: „Gehts zum Josef;
wås dea sågt, des måchts!“ 56 Wia s jetz in gãnz Ägyptn an
muads Flammoo ghåbt håbm, håt da Josef die Kornheisln
aufgmåcht und håt s den Ägyptern vascheppat; weu da
Flammoo is in Ägyptn ollaweu no gräßa wuan. 57 De gãnze
Wööd is nåch Ägyptn kumman, dåss beim Josef eĩkaufn;
weu ibaroi in da Wööd håt s aan ärgern Flammoo gebm.

42 1 Wia da Jakob des gspãnnt håt, dåss Getreide gibt in
Ägyptn, håt a zu seine Buam gsågt: „Wås schauts n aso?
2 Huachts: I håb gheat, dåss s in Ägyptn a Getreide håbm.
Gehts då åbe, kaufts uns a, dåss ma weidalebm und ka
Bangl reißn.“ 3 Då san zehn Briada vom Josef åbezogn, dåss
in Ägyptn Getreide kaufn. 4 Åba n Benjamin, n Bruada vom
Josef, håt da Jakob ned midgschickt, weu ea håt gsågt: „Ea
kënntat jå an Unfoi håbm!“ 5 So san dem Israel seine Buam
kumman, dåss a Getreide kaufn, wia die ãndan, die loszogn
san, weul aa in Kanaan a muads Flammoo woa. 6 Då Josef
woa r åba duatn da Scheff im Lãnd und håt olle Leit duatn
s Getreide vascheppat. Wia jetz seine Briada kumman san,
håbm sa si vua r eam hĩgschmissn mid n Gsicht auf da r
Ead. 7 Und ea håt s ãngschaut und håt s glei kennt, åba ea

håt tãn, ois kennt a s ned. Ea håt auf die hoate Dua mid
ihnan gredt und gsågt: „Wo kummts es hea?“ Håbm sie
gsågt: „Aus m Lãnd Kanaan, dåss ma a Getreide kaufn.“
8 Åba obwoi ea sie kennt håt, håbm sie eam ned kennt. 9 Då
san dn Josef die Dram wieda eĩgfoin, wås a dramt håt mid
ihnan, und håt gsågt: „Es dads nåsern, es sads kumman,
dåss schauts, wo s Lãnd a schwåche Schtöö håt.“ 10 Håbm
sie zu eam gsågt: „Na, Scheff, goa ned! Gschamster Diener,
mia san kumman, dåss ma r a Getreide kaufn. 11 Mia san
die Buam von aan Mã; mia san frãnk, gschamster Diener,
mia håbm nia nix gnåsert!“ 12 Ea håt zu ihnan gsågt: „Na, es
sads kumman, dåss schauts, wo s Lãnd a schwåche Schtöö
håt.“ 13 Håbm sie zu eam gsågt: „Gschamster Diener, mia
san zwööf Briada, die Buam von aan Mã im Lãnd Kanaan.
Da jingste is no bei unsan Vodan, und aana, dea is nimma
då.“ 14 Da Josef håt zu ihnan gsågt: „Es is, wia r i eich gsågt
håb: Es dads nåsern. 15 Wegn den wea ma eich åtestn: So
woa da Pharao lewendich is, es kummts ned weg von då,
wãnn ned eicha jingsta Bruada heakummt! 16 Schickts aan
von eich hĩ, der wås eicharn Bruada hoit; ihr bleibts dåda
eĩgsperrt. Mid den schau i ma ãn, ob ma des glaubm kãnn,
wås es sågts. Und wãnn ned – so woa da Pharao lewendich
is –, dãnn dads es nåsern!“ 17 Und ea håt s olle midanãnd
fia drei Dåg in Häfn gsteckt. 18 Ãm drittn Dåg håt da Josef
zu ihnan gsågt: „Foigendes måchts, wãnns weidalebm
woits (weu i bin kaana, dea wås auf n Heagod pfeift):
19 Wãnns frãnk seids, låssts aan von eich Briadan eĩgsperrt

im Häfn, und es måchts an Åbgãng und bringts haam, wås kauft håbts fia n Flammoo bei eich dahaam. [20] Ihr missts ma åba eicharn jingstn Bruada heabringan: Eascht dãnn glaub i, wås es gsågt håbts, und es missts ned die Läffe ågebm." Auf des håbm sa si eĩlåssn [21] und håbm untranãnd gredt: „Mia san jå sööba schuid wegn unsan Bruada. Mia håbm gseng, wia da oaman Söö da Reis gãngan is, wia r a ‚Bitte, bitte' gschrian håt, und mia håbm nix wissn woin. Wegn den samma jetz in da Rue de Gack." [22] Auf des håt da Ruben gsågt: „Håb i eich ned gsågt: ‚Schtööts kan Bledsinn ãn mid dem Buam!?' Åba ihr håbts jå ned hean woin. Sei Bluad wiad jetz zruckvalãngt." [23] Sie håbm åba ned gwusst, dåss da Josef eh ois vasteht, weul ea håt an Doimetsch ghåbt, wia r a mid ihnan gredt håt. [24] Und ea håt si von ihnan wegdraht und blaazt. Wia r a si wieda umdraht håt zu ihnan und mid ihnan gredt håt, håt a n Simeon aus da Mittn aussafãngan und vua ihnan eĩsperrn låssn. [25] Und da Josef håt n Beföö gebm, dåss ihre Sackln mid Getreide foigmåcht wean und dåss ihnan ihr Gerschtl wieda zruckgebm wiad, an jedn in sein Såck, und wås zum Hawern aa no. Und so is gescheng. [26] Sie håbm ihre Såchn auf die Esln auffeghobm und san losmarschiert. [27] Wia aana ãm Råstplåtz sein Såck aufmåcht, dåss a sein Esl wås zum Fressn gibt, siacht a sei Gerschtl obm im Såck liagn. [28] Ea håt zu seine Briada gsågt: „Mei Gerschtl is wieda då, schauts, in mein Sackl!" Då is ihnan s Heaz stehn bliebm, sie håbm si ãngschaut und gsågt: „Wås håt da Heagod uns

des ãntãn?“ 29 Wia s haamkumman san ins Lãnd Kanaan
zum Jakob, ihrn Vodan, håbm s eam ois dazööt, wås alebt
håbm, und håbm gsågt: 30 „Dea Mã, dea da Scheff is in den
Lãnd, håt auf die hoate Dua mid uns gredt und gsågt, dåss
ma nåsern duan. 31 Mia håbm drauf gsågt: ‚Mia san frãnk,
mia håbm nia nix gnåsert! 32 Mia san zwööf Briada, die
Buam von aan Mã im Lãnd Kanaan. Aana is nimma då und
da jingste is no bei unsan Vodan im Lãnd Kanaan.‘ 33 Då
håt dea Mã, da Scheff in den Lãnd, zu uns gsågt: ‚Mid den
schau i ma des ãn, ob s es frãnk sads: Ihr låssts aan Bruada
von eich då bei mia, ihr nehmts wås mid fia n Flammoo bei
eich dahaam und gehts 34 und bringts ma eicharn jingstn
Bruada, dãnn is kloa, dåss es ned nåsern duads, sundan
dåss frãnk seids. Dãnn geb i eich aa eicharn Bruada zruck
und ihr kännts måchn, wås woits.‘“ 35 Und wia s ihre
Sackln ausgschitt håbm, håt a jeda in sein Såck a Taschl
mid an Gerschtl gfundn, und wia s gspãnnt håbm, dåss
ihr Gerschtl woa, is ihnan da Reis gãngan, ihnan und ihrn
Vodan aa. 36 Då håt da Jakob, ihr Voda, zu ihnan gsågt:
„Ihr måchts an Vodan ohne Gschråppn aus mia! Da Josef
is nimma då, da Simeon is nimma då, und in Benjamin
woits ma aa no wegnehman: Des is ois iba mi kumman.“
37 Da Ruben håt zu sein Vodan gsågt: „Wãnn i da eam ned
zruckbring, kãnnst meine zwaa Buam åkragln. Gib ma eam
nua in d Hãnd und i wea eam da zruckbringan.“ 38 Ea håt
åba gsågt: „Mei Bua wiad ned mid eich åbeziagn, weu sei
Bruada is maukas und dea is ois Aanziga ibabliebm. Wãnn

eam untawegs a Unglick gschiacht, dãnn bringts es meine
graun Hoa åbe zu die Dodn, weu ma s Heaz so wehduad."

43 1 Da Flammoo håt åba auf s Lãnd druckt, 2 und wia s
Getreide zsãmmghawert woa, wås aus Ägyptn auffebråcht
håbm, håt ihr Voda zu ihnan gsågt: „Schauts, dåss no amoi
wås zum Hawern kriagts!" 3 Drauf redt da Juda: „Dea Mã
is richtig schoaf wuan, wia r a gsågt håt: ‚Ihr brauchts ma
goa ned unta die Augn, wãnn eicha Bruada ned dabei is!'
4 Oisa wãnn du unsan Bruada mid uns gehn låsst, dãnn
ziag ma åbe und kaufn da wås zum Hawern. 5 Wãnn s d
eam åba ned gehn låsst, ziag ma aa ned åbe. Weu dea Mã
håt zu uns gsågt: ‚Ihr brauchts ma goa ned unta die Augn,
wãnn eicha Bruada ned dabei is!'" 6 Da Israel håt gsågt:
„Wås håbts es då fia r a Linke gegn mi draht, dem Mã
dazöön, dåss no an Bruada håbts?" 7 Drauf håbm sie gsågt:
„Dea Mã håt uns richtig ausgfratschlt iba uns und unsare
Vawãndtn: ‚Lebt eicha Voda no? Håbts es no an Bruada?'
Då håmma eam hoit die Ãntwuat gebm, wia r a gfrågt håt.
Håmma denn wissn kännan, dåss a sågt: ‚Bringts eichan
Bruada mid åbe?'" 8 Då håt da Juda zum Israel, sein Vodan,
gsågt: „Låss den Buam mid mia gehn, dåss ma losziagn und
marschiern, dåss ma lebm und ka Bangl reißn, mia und
du und olle unsare Gschråppn. 9 I wüü fia eam da Bürge
seĩ, aus meine Händ soist eam zruckvalãngan. Wãnn i da
eam ned zruckbring und vua di hĩschtöö, wül i mei Lebdåg
lãng da Schuidige seĩ. 10 Weu wãnn ma ned soiche Zauderer

gwesn warn, warat ma scho zwaamoi wieda zruck dahaam."
[11] Då håt ihnan da Israel, ihr Voda, gsågt: „Nå, wãnn s seĩ muass, dãnn måchts as aso: Gebts wås von die bestn Såchn, wås unsa Lãnd trågt, in eichre Sackln und bringts as dem Mã ois Gschenk; a bissl Balsam, a bissl an Honich, Harz und Myrrhe, Pistazien und Mãndln. [12] Nehmts aa a ãndas Gerschtl mid, und bringts des Gerschtl, wås obm in eichare Sackln woa, wieda zruck. Womäglich håt si då aana girrt. [13] Dãnn nehmts no eicharn Bruada, ziagts los und gehts wieda zu dem Mã. [14] Da oimächtige Heagod soi gebm, dåss dea Mã a Eĩsegn håt mid eich, dåss a eicharn ãndan Bruada und n Benjamin mid eich ziagn låsst. Nua r i bin dãnn wia r aana, dea wås olle seine Gschråppn valuan håt." [15] Då håbm s die Såchn ois Gschenk und es doppete Gerschtl gnumman und in Benjamin aa, san loszogn und åbe nåch Ägyptn und san hĩ zum Josef. [16] Wia s da Josef mid n Benjamin gseng håt, sågt a zu sein Obaschakl: „Bring die Leit eine ins Haus, schlåcht wås und richt s hea, weu sie soin mid mia z Mittåg hawern." [17] Dea Mã håt gmåcht, wås eam da Josef gschåfft håt, und håt die Leit einegfiat in dm Josef sei Hittn. [18] Ihnan is åba da Reis gãngan, wia s im Josef sei Hittn bråcht wuan san, und sie håbm gsågt: „Mia san weng den Gerschtl daheabråcht wuan, wås ma des letzte Moi in unsere Sackln gfundn håbm; de woin uns ãngehn und iba uns heafoin, und dãnn miass ma barabern midsãmt unsare Esln."
[19] Sie san hĩ zum Obaschakl vom Josef und håbm draußn vor da Dia mid eam gredt [20] und gsågt: „Heast, Scheff, mia

san scho amoi då heakumman a Getreide kaufn. 21 Wia ma
då zum Råstplåtz kumman san und unsare Sackln auf-
måchn, håt då frãnk a jeda sei Gerschtl obm im Såck liagn
ghåbt; kaa Äuzerl håt gfööt. Deswegn håmma s sööba wieda
zruckbråcht. 22 Und mia håbm außadem no a Gerschtl
midbråcht, dåss ma a Getreide kaufn. Wea des woa, dea s
Gerschtl in unsare Sackln einetãn håt, wiss ma ned.“ 23 Ea
håt gsågt: „Blåsts aus, måchts eich ned in d Hosn! Eia und
eichan Vodan sei Heagod håt eich an Schåtz in die Sackln
einetãn. I håb eicha Gerschtl eh kriagt.“ Und ea is mid n
Simeon aussekumman zu ihnan, 24 dãnn håt a s in dm Josef
sei Hittn bråcht, håt ihnan a Wåssa gebm, dåss a si di Fiass
wåschn, und a Futter fia ihre Esln. 25 Und sie håbm sie s
Gschenk heagricht, bis z Mittåg da Josef kummt; weu sie
håbm gheat ghåbt, dåss duat hawern soin. 26 Wia da Josef
in d Hittn einekumman is, håbm s eam s Gschenk, wås mid-
zaht håbm, einebråcht in d Hittn und håbm si vua r eam
auf d Ead gschmissn. 27 Åba ea håt freindlich zruckgriaßt
und gsågt: „Is eh ois leiwãnd mid eicharn oidn Vodan, iba
den s gredt håbts? Lebt a no?“ 28 Drauf håbm sie gsågt:
„Gschamster Diener, unserm Vodan gehts guad, und ea
lebt no.“ Und sie håbm si an Servas åbegrissn bis ãm Bodn.
29 Und ea håt aufgschaut und siacht n Benjamin, in Buam
von seina Muatta, und sågt: „Is des eia jingsta Bruada, iba
den s mid mia gredt håbts?“ Und ea håt gsågt: „Da Heagod
soi da hööfn, mei Bua!“ 30 Und da Josef is aussegrãnnt, weu s
wegn sein Bruada in ihm brennt håt wia r a Feia, und ea håt

gschaut, wo r a blaazn kãnn, und is in sei Kãmmer gãngan
und håt duat blaazt. 31 Wia r a sei Gsicht gwåschn ghåbt håt,
is a wieda ausse und håt si zsãmmgrissn und gsågt: „Ser-
vierts es Essn!“ 32 Und sie håbm s eam extrig serviert und
ihnan aa, und aa denan Ägyptern; die Ägypter duan nämich
ned zsãmm mid Hebräer hawern, weu des geht goa ned fia
sie. 33 Und de håbm s aufgfadlt vis-à-vis von eam hĩgsetzt:
den, dea wås da Öötaste woa, weul a ois Easchta auf d Wööd
kumman is, und n Jingstn, wia s nåch n Oita woa. Då håbm
sa si ãngschaut, aana n ãndan, weu sa si gwundat håbm iba
des. 34 Und sie håbm ihnan s Essn von sein Tisch aufträgn,
und in Benjamin sei Portion woa finfmoi gräßa ois wia die
ãndan. So håbm s mid eam biberlt und si ãntschechert.

44 1 Und da Josef håt sein Schakl gschåfft: „Måch den
Männern die Sackln mid Getreide foi, sovüü s hoit trågn
kännan, und leg an jedn s Gerschtl obm in sein Såck eine.
2 Und mein süübanan Becher legst obm in Såck vom Jingstn,
zsãmm mid n Gerschtl fia s Getreide.“ Und dea håt des so
gmåcht, wia s da Josef gsågt håt. 3 In da Frua, wia s höö
wuan is, håbm s die Männer losziagn låssn mid die Esln.
4 Wia s åba bei da Ståd ausse woan und no goa ned weid
kumman san, håt da Josef zu sein Schakl gsågt: „Marschier,
schurl die Leit hintnåch, und wãnn s d as eĩhoist, sågst
ihnan: ‚Wås håbts es wås Guades mid ana Linkn haamzoit?‘
5 Wås håbts n den süübanan Becher gflaucht? Is des ned
dea, aus dem mei Scheff biberln und woasågn duad? Ihr

håbts echt a Linke draht.“ 6 Und wia r as eĩghoit håt, håt a
genau des zu ihnan gredt. 7 Sie håbm drauf gsågt: „Scheff,
wås sågst n so wås? Des fööt gråd no, gschamster Diener,
dåss ma so wås måchn! 8 Schau, es Gerschtl, wås ma obm
in die Sackln gfundn håbm, håmma da aus n Lãnd Kanaan
zruckbråcht. Wia soi ma då aus dein Scheff seina Hittn
Süüba oda Goid gflaucht håbm? 9 Dea, bei dem s gfundn
wiad, gschamster Diener, dea soi die Bådschn streckn; und
mia soin dãnn deine Sklavn seĩ, Scheff!“ 10 Ea håt gsågt: „Nå
guad, soi seĩ, wia s gsågt håbts. Dea, bei dem des gfundn
wiad, soi mei Sklave seĩ, åba ihr sads frei.“ 11 Då håt a jeda
gschwind sein Såck auf d Ead gstööt, und a jeda håt sein
Såck aufgmåcht. 12 Ea håt gsuacht, beim Öötastn ãngfãngt
und bis hĩ zum Jingstn: Gfundn håbm s n Becher im Ben-
jamin sein Såck. 13 Då håbms ihr Gwãnd zrissn, a jeda håt
sein Esl foipåckt und sie san wieda in d Stådt zogn. 14 Und
da Juda is mid seine Briada wieda ins Haus vom Josef
gãngan, weu dea woa no duat, und sie håbm si vua eam
auf d Ead gschmissn. 15 Åba da Josef håt zu ihnan gsågt:
„Wås håbts es so wås måchn kännan? Wissts es ned: Wãnn
s beim Woasãgn a Jass gibt, dãnn bin s i.“ 16 Da Juda håt
gsågt: „Scheff, wås soi ma da sågn? Wås soi ma redn? Wie
kämma uns rechtfertign? Da Heagod, gschamster Diener,
håt unsare Linke aussebråcht. Oisdãnn: mia und dea, bei
dem da Becher gfundn wuan is, san deine Sklavn, Scheff.“
17 Ea håt åba gsågt: „Nå des fööt gråd no, dåss i des måch!
Dea, bei dem da Becher gfundn wuan is, soi mei Sklave seĩ,

åba es håbts an Friedn und ziagts auffe zu eichan Vodan."
[18] Då is da Juda hĩ zu eam und håt gsågt: „Scheff, sei so guad,
låss mi a Wärterl sågn, Scheff, vua deine Uawaschln, und
du soist, gschamster Diener, kan Gizi kriagn auf mi, weu
du bist wia da Pharao. [19] Scheff, du håst uns, gschamster
Diener, gfrågt: ‚Håbts es no an Vodan oda r an Bruada?'
[20] Då hâmma gsågt: ‚Mia håbm an Vodan, dea is oid, und
an klaan Buam, den wås a ois a Oida kriagt håt, und sei
Bruada is maukas, und ea is es Aanzige, wås ibabliebm is
von seina Muatta, und sei Voda steht auf eam.' [21] Då håst
du drauf gsågt, gschamster Diener: ‚Bringts ma eam åbe, då
hea zu mia, dãnn wül i ma eam amoi ãnschaun!' [22] Auf des,
Scheff, håmma da gsågt: ‚Dea Bua kãnn ned weg von sein
Vodan; wãnn a von sein Vodan weggeht, reißt dea r a Bangl!'
[23] Då håst du zu uns gsågt, gschamster Diener: ‚Wãnn
eicha jingsta Bruada ned mid eich åbekummt, brauchts es
ma goa nimma unta die Augn kumman!' [24] Drauf samma
auffezogn zu mein Vodan, gschamster Diener, und håbm
eam dazööt, Scheff, wås d gsågt håst. [25] Dãnn håt unsa
Voda gsågt: ‚Kummts, marschierts und kaufts uns wås zum
Hawern!' [26] Mia håbm åba gsågt: ‚Mia kännan då ned åbe;
nua wãmma unsan jingstn Bruada mid håbm, ziag ma åbe,
weu mia brauchn dem Mã goa ned unta die Augn kumman,
wãmma unsan jingstn Bruada ned mid håbm.' [27] Då håt mei
Voda, gschamster Diener, zu uns gsågt: ‚Ia wissts, dåss ma
mei Oide zwaa Buam auf d Wööd bråcht håt; [28] da aane håt
mi valåssn und i håb ma sågn miassn: Ea is zrissn wuan.

Bis zum heitign Dåg håb i eam nimma gseng. 29 Wãnns
ma den aa no wegnehmts und es gschiacht eam a Unglick,
dãnn bringts es meine graun Hoa åbe zu die Dodn, so weh
duad ma des.‘ 30 Oisa, wãnn i haamkumm zu mein Vodan,
gschamster Diener, und mia håbm den Buam ned mid,
ãn dem a hängt mid seina gãnzn Söö, 31 dãnn streckt a die
Bådschn, wãnn a siacht, dåss da Bua ned då is. Dera Oat
dadn mia, gschamster Diener, die graun Hoa von unsan
Vodan, gschamster Diener, åbe zu die Dodn bringn, weul
eam s Heaz so wehduad. 32 Weu i bin da Bürge wuan fia den
Buam bei mein Vodan, gschamster Diener, und håb gsågt:
‚Wãnn i da eam ned zruckbring, wül i mei Lebdåg lãng da
Schuidige seĩ.‘ 33 Wegn den låss mi, gschamster Diener,
stått dem Buam dåbleibm ois Sklave und låss den Buam
mid seine Briada auffeziagn. 34 Wia kãnn i denn auffeziagn
zu mein Vodan, wãnn i n Buam ned mid håb? I kännt ma
des ned ãschaun, wia des mein Vodan niedaprackn dadat.“

45 1 Då håt si da Josef nimma zruckhoitn kännan vua r olle,
de wås umanãndgstãndn san, und håt gschrian: „Ausse
mid eich, olle midanãnd!“ Und sunst woa kaana mea bei
eam, wia da Josef seine Briada gsågt håt, wea r a in Wirk-
lichkeid is. 2 Und ea håt so laut blaazt, dåss die Ägypter s
gheat håbm und dem Pharao sei Haus. 3 Und da Josef håt
zu seine Briada gsågt: „I bin’s, da Josef. Lebt mei Voda no?“
Seine Briada håbm åba goa ka Ãntwuat gebm kännan, so
is ihnan da Schiach ãngãngan vua r eam. 4 Ea håt åba zu

seine Briada gsågt: „Kummts do hea då zu mia!“ Und se
san zuwe, und ea håt gsågt: „I bin’s, da Josef, eicha Bruada,
den wås nåch Ägyptn vascherblt håbts. 5 Und jetz stierts
ned aso und glaubts ned, dåss i an Pick håb auf eich, weu
s mi dåhea vascherblt håbts. Weu da Heagod håt mi vua
r eich heagschickt, damid s Lebm ned päule geht. 6 Weul
es san jetz zwaa Joa, dåss a Flammoo is im Lãnd, und es
kumman no finf Joa, wo s nix zum Pfliagn und zum Erntn
gibt. 7 Åba da Heagod håt mi vua r eich heagschickt, dåmid
s lebm bleibts auf dera Wööd und damid eicha Lebm ned
päule geht. 8 Des woats ned ihr, des woa da Heagod, dea
mi heagschickt håt; dea håt mi zum Ezzesgeber gmåcht
fia n Pharao und zum Scheff fia sei gãnze Hittn und håt
mi iba s gãnze Lãnd Ägyptn gsetzt. 9 Jetz zahts ãn, ziagts
auffe zu mein Vodan und sågts eam: ‚Da Josef, dei Bua,
låsst da ausrichtn: Da Heagod håt mi ois Scheff iba gãnz
Ägyptn eĩgsetzt; kumm åbe zu mia, måch gschwind! 10 Du
soist im Lãnd Goschen wohnan und nåh bei mia seĩ, du und
deine Gschråppn und die Gschråppn von deine Gschråppn,
deine Lampln, deine Rindviecha und ois, wås d håst. 11 Duat
soist von mia ois kriagn, wås d brauchst, weu s kumman
jå no finf Joa Flammoo; damid s d ka Negerant wiast, du
mid deine Leit und oin, wås d håst.‘ 12 Schauts, eichare
Scheangla seng des und n Benjamin, mein Bruada, seine
Scheangla: Des is mei Goschn, die då mid eich redt.
13 Dazööts mein Vodan, wås i fia r a Kapazunda bin in Ägyptn
und wås es ois gseng håbts; zahts ãn und bringts ma n Vodan

hea!“ 14 Und ea is sein Bruada Benjamin uman Hois gfoin
und håt blaazt, und da Benjamin håt aa blaazt ãn sein Hois.
15 Ea håt olle seine Briada åbusslt und headruckt und blaazt.
Dãnn håbm olle seine Briada mid eam gredt. 16 Und bis zua
Hittn vom Pharao is des weidatratscht wuan, dåss dem
Josef seine Briada kumman san, und da Pharao håt des
leiwãnd gfundn, ea und olle seine Leit. 17 Und da Pharao håt
zum Josef gsågt: „Såg deine Briada: ‚Duads eichare Viecha
foipåckn und marschierts! 18 Und wãnn s ins Lãnd Kanaan
kummts, nehmts eichan Vodan und eichare Leit und
kummts zu mia. I wea r eich s Beste im Lãnd Ägyptn gebm;
es soits n Lãnd seine Grammeln hawern.‘ 19 Und schåff
ihnan: ‚Måchts as aso: Nehmts eich aus n Lãnd Ägyptn
Wågn fia eichare Gschråppn und eichare Fraun mid, setzts
eichan Vodan auffe und kummts! 20 Und schauts ned auf
des, wås håbts; weu s Beste vom gãnzn Lãnd Ägyptn soi
eich ghean.‘“ 21 Dem Israel seine Buam håbm s aso gmåcht.
Und da Josef håt ihnan, wia s da Pharao gschåfft håt, Wågn
und a Papperl fia untawegs gebm. 22 Und ea håt ihnan oin
a zweits Gwãnd gebm, an jedn, åba n Benjamin håt a drei-
hundert Stickln Süüba gebm und finf Gwãndln. 23 Und sein
Vodan håt a zehn Esln gschickt, foipåckt mid n Bestn aus
Ägyptn, und zehn Eselinnan mid Getreide und Brot fia sein
Vodan und mid an Papperl fia untawegs. 24 So håt a s gehn
låssn und sie san losmarschiert. Und ea håt no gsågt: „Nua
kane Wickl auf n Weg!“ 25 So san s auffezogn von Ägyptn
und san ins Lãnd Kanaan zu ihrm Vodan Jakob kumman.

26 Und des håbm s eam dazööt: „Da Josef lebt no, dea is da
Scheff iba gãnz Ägyptn!“ Åba sei Heaz is koit bliebm, weu ea
håt s ihnan ned glaubt. 27 Drauf håbm s eam ois gsågt, wås
da Josef mid ihnan gredt håt. Und wia r a die Wågn gseng
håt, die wås da Josef eam gschickt håt, san die Lebmsgeista
vom Jakob, ihrm Vodan, wieda zruckkumman. 28 Und da
Israel håt gsågt: „Des reicht ma scho, dåss da Josef, mei
Bua, no lebt; då wül i hĩ und eam seng, bevua r i die Bådschn
streck.“

46 1 Då Israel is loszogn mid oin, wås a ghåbt håt, und wia
r a nåch Beerscheba kumman is, håt a a r Opfer schlåchtn
låssn fia n Heagod von sein Vodan Isaak. 2 Und da Heagod is
eam in da Nåcht aschienan und håt gsågt: „Jakob, Jakob!“
Drauf ea: „Då bin i!“ 3 Und ea håt gsågt: „I bin da Scheff,
dein Vodan sei Heagod; dua di ned fiachtn nåch Ägyptn
åbeziagn, weu duat wül i di zu an großn Voik måchn. 4 I
wea sööba mid dia åbeziagn nåch Ägyptn und i wüü di aa
wieda auffebringan. Da Josef soi da mid seine Händ die
Scheangla zuadruckn.“ 5 Då håt si da Jakob aufgmåcht
von Beerscheba; dem Israel seine Buam håbm ihrn Vodan
Jakob midsãmt ihre Gschråppn und Fraun auf die Wågn
ghobm, de wås da Pharao geschickt håt, dåss a r eam hoit.
6 Und sie håbm ihre Viecha gnumman und ois, wås duach s
Hackln zsãmmkriagt håbm im Lãnd Kanaan, und san nåch
Ägyptn kumman, da Jakob und sei gãnze Mischpoche mid
eam. 7 Seine Buam und denan ihre Buam, seine Madln und

denan ihre Madln und olle seine Leit håt a midbråcht nåch Ägyptn. [...] [28] Und da Jakob håt n Juda vua si heagschickt zum Josef, dåss a r eam n Weg nåch Goschen zaagt. Wia s ins Lãnd Goschen kumman san, [29] håt da Josef sein Wågn ãnspãnnan låssn und is sein Vodan Israel entgegnzogn nåch Goschen. Und wia r a eam gseng håt, is a r eam uman Hois gfoin und håt lãng blaazt ãn sein Hois. [30] Då håt da Israel zum Josef gsågt: „Jetz kãnn i in Ruah a Bangl reißn, weul i dei Gsicht gseng håb, dåss d no lebst."

Dem Scheff sei Ãnsåg:
Wås a Gheatsi is

Exodus 19,1–20,17

19 1 Ãm easchtn Dåg vom drittn Monat, seit si die Israe-
litn aus Ägyptn gschlichen håbm, san s in die Wüste Sinai
kumman, auf n Dåg genau. 2 Sie san von Refidim in Rich-
tung Sinai ghadscht und duatn, in da Wüstn, vis-à-vis vom
Beag, håbm s ihre Zööte aufgschtööt. 3 Und da Moses is
auffe zum Heagod. Und da Scheff håt zu eam gsågt, gãnz
laut, vom Beaggipfe åbe: „Foigendes soist n Jakob seina
Mischpoche ausrichtn: 4 ‚Ihr håbts midkriagt, wås i mid die
Ägypter aufgfiat håb; eich håb i åba wia r auf Fliagln von
an Adler heabråcht zu mia. 5 Wãnns ihr jetz auf mi heats
und eich hoits ãn des, wås ma si ausmåchn, dãnn weats
unta olle Vööka meine Zuckagoscherl seĩ, weu mia gheat de
gãnze Wööd. 6 Es soits a Voik von Priestern und a heulichs
Voik seĩ.‘ Des is, wås d n Israelitn sågn soist.“ 7 Da Moses is
zruckkumman und håt si vom Voik die Öötastn heaghoit;
ea håt ihnan ois ausgricht, wås da Scheff eam gschåfft håt.
8 S Voik, olle midanãnd woan eĩvastãndn: „Ois, wås
da Scheff gredt håt, des måch ma!“ Und da Moses håt n
Scheff dazööt, wås es Voik gsågt håt. 9 Und da Scheff håt
zum Moses gsågt: „Heast, i wea in ana dichtn Woikn zu dia
kumman, dåss die Leit des hean, wãnn i mid dia red, damid
s da fia imma glaubm.“ Da Moses håt ja n Scheff gsteckt

ghåbt, wås s gsågt håbm. [10] Und da Scheff håt zum Moses
gsågt: „Geh hĩ zu die Leit und såg ihnan, heit und muagn is
wås Heulichs; se soin ihr Gwãnd wåschn [11] und fia n drittn
Dåg gschtööt seĩ; weul ãm drittn Dåg wiad da Scheff vua
r olle Leit auf n Beag Sinai åbekumman. [12] Und fia s Voik
ziagst an Strich uman Beag und sågst: ‚Kräuts jå ned auf
n Beag auffe; riats in Strich ned ãn! Weu wea ãm Beag
ãstraft, muass a Bangl reißn. [13] A jeda, dea wås eam ãriat,
soi gsteinigt oder dastochn wean, wuaschd, ob s a Viech is
oda r a Mensch, dea soi ned lebm bleibm. Eascht, wãnn s
Widderhearndl blåst, deafn s auffekräun.‘“ [14] Da Moses is
åbekräut vom Beag zum Voik hĩ, und weu s wås Heulichs
woa, håbm s ihr Gwãnd gwåschn. [15] Und ea håt ihnan gsågt:
„Sads gschtööt fia n drittn Dåg; solãng deaf kaana budern.“
[16] Wia da dritte Dåg kumman is und s höö wuan is, då håt
s donnat und blitzt; a schware Woikn håt si auf n Beag
glegt und es woa r a Krawäu, wia wãnn a Posaunan gãnz
laut spüün dadat. Olle Leit, de wås im Låga woan, håbm
si fiachtalich gschreckt. [17] Und da Moses håt s Voik aus n
Låga in Richtung Heagod gfiat, und sie håbm si beim Beag
hĩgschtööt, gãnz untrisch. [18] Uman gãnzn Beag Sinai woa r a
Rauchwoikn, und in da Mittn is da Scheff im Feia auf n Beag
åbe. A Rauch is aufgstiegn wia r aus an Schmöözofn, und n
gãnzn Beag håt s beidlt wia bled. [19] Da Krawäu von dera
Posaunan is ollaweu ärger wuan; da Moses håt gredt, und
da Heagod sööba håt eam die Ãntwuat gebm. [20] Wia jetz da
Scheff åbekumman is auf n Beag Sinai, obm auf n Gipfe, håt

a n Moses zu si heagruafn und da Moses is auffe ãm Gipfe.
21 Då håt da Scheff zu eam gsågt: „Låss di åbe zu die Leit
und duas zsãmmstauchn, dåss jå kaana iba n Strich kräut,
damid a n Scheff siacht; då dadat a Massa a Bangl reißn.
22 Aa die Priester, die sonst zuwediafn zum Scheff, soin si
bsundas hearichtn, damid s da Scheff ned zamerschert.“
23 Da Moses håt drauf zum Scheff gsågt: „Die Leit kännan
goa ned auffe ãm Beag Sinai, weu du sööba håst uns jå scho
gschåfft, dåss ma r an Strich måchn rund uman Beag, dåss a
wås Bsundas is.“ 24 Drauf håt da Scheff zu eam gsågt: „Geh,
kräu åbe und kumm wieda auffe, du und mid dia da Aaron;
åba die Priester und die Leit soin ned iba n Strich steign
und auffekräun zum Scheff, weul i s sunst zamerscher.“
25 Und da Moses is åbe zu die Leit und håt s ihnan gsågt.

20 1 Und Foigendes woa dem Heagod sei Ãnsåg: 2 „I bin
da Scheff, dei Heagod, dea wås di aus n Lãnd Ägyptn aus
da Sklaverei ausseghoit håt. 3 Du soist kaane ãndan Götter
håbm aussa mia. 4 Du soist da kaa Büüdl måchn und aa ka
Stãndbüüd von irgndwås drobm im Himme oder drunt auf
da r Ead oder im Wåssa unta da r Ead. 5 Schmeiss di ned
vua denan ãm Bodn und dua s ned ãnbetn! Weu i, da Scheff,
dei Heagod, bin ana, dem die Leit echt ned wuaschd san;
wãnn wea a Linke draht, schau i ma des bei die Gschråppn
von denan, de wås an Pick auf mi håbm, bis zua drittn und
viertn Generation ãn. 6 Bei die Dausndn åba, die auf mi
stengan und si ãn des hoitn, wås i såg, bin i a Guada und

håb a Eĩsegn. [7] Mid n Nåman vum Scheff, dein Heagod, soist
nix zsãmmdrahn, weu n Scheff kummt kaana aus, dea mid
sein Nåman wås auffiat. [8] Du soist nie auf n Sabbat vagessn,
dåss a wås Bsundas is. [9] Sechs Dåg lãng soist hackln und
ois duan, wås d måchn muasst. [10] Åba ãm siemtn Dåg is da
Sabbat, dea gheat n Scheff, dein Heagod. Då soi kaana wås
hackln, du ned, aa dei Bua und dei Madl ned, dei Schani
und dei Dienstmadl ned, deine Viecha ned und aa ned die
Zuagraastn, de wås in deina Stådt lebm. [11] Weu in sechs Dåg
håt da Scheff in Himme und d Ead gmåcht und s Mea und
ois, wås då drin is, åba ãm siemtn Dåg håt a r a Ruah seĩ
låssn. Deswegn håt a auf n siemtn Dåg sein Segn glegt und
eam zu wås Bsundan gmåcht. [12] Du soist auf dein Vodan und
dei Muatta hoitn, dåss d lãng lebst in den Lãnd, wås da da
Scheff, dei Heagod, gebm wiad. [13] Du soist kan haamdrahn.
[14] Du soist kane Gspusis håbm. [15] Du soist nix fladern. [16] Du
soist iba dein Nåchbårn nix dazöön, wås glogn is. [17] Du soist
auf nix schoaf seĩ, wås dein Nåchbårn gheat. Du soist ned
schoaf seĩ auf sei Oide, auf sein Schani und sei Dienstmadl,
auf sei Rindviech und sein Esl und aa sunst auf nix, wås
eam gheat."

Beim Måtschker-Wåssa, wo da Moses ned auf n Scheff ghoitn håt

Numeri 20,1–13

20 1 Und dem Israel seine Leit, es gãnze Voik, de san im
easchtn Monat in die Wüste Zin kumman und håbm in
Kadesch ihr Låga aufgschtööt. Duat håt die Mirjam die
Bådschn gstreckt und is eĩgråbm wuan. 2 Und die Leit
håbm ka Wåssa ghåbt, und sie håbm sie gengan Moses
und n Aaron zsãmmtãn. 3 Und die Leit håbm gmåtschkert
gengan Moses und gsågt: „Oida! Besser, wir hättn a Bangl
grissn, wia unsare Briada a Bangl grissn håbm, unta m
Scheff seine Augn! 4 Wås håbts n aa dem Scheff sei Partie
då in die Wüstn vazaht? Dåss ma då midsãmt die Viecha die
Bådschn streckn? 5 Und fia wås håbts uns aus Ägyptn ausse-
bråcht in so a gårschtige Gegnd, wo ma nix wåchsn låssn
kãnn, Feign ned und Weĩstöck und Grånåtäpfe aa ned? Und
Wåssa zum Biberln gibt s aa kans!“ 6 Då san da Moses und
da Aaron weg von die Leit, hĩ zum Dial von den Zööt, wås fia
s Zsãmmseĩ woa; sie håbm si auf n Bodn gschmissn, und da
Scheff in seina Pråcht håt si ihnan zaagt. 7 Und da Scheff håt
mid n Moses gredt und gsågt: 8 „Nimm in Steckn und fãng
da die Leit zsãmm, du und da Aaron, dei Bruada, und red
vua r ihnan mid n Föösn; und dea wiad Wåssa aussalåssn.
Wãnns d es Wåssa aus n Föösn ausseghoit håst, låsst olle
biberln, die Leit und die Viecha.“ 9 Då håt da Moses in Steckn

gnumman, dea wås vuam Scheff glegn is, so wia r a s eam
gschåfft håt. 10 Und da Moses und da Aaron håbm olle vuam
Föösn zsãmmghoit und da Moses håt gsågt: „Huachts, es
Zwidawuazn! Wea ma eich aus den Föösn Wåssa aussehoin
kännan?“ 11 Und da Moses håt sei Hãnd ghobm und mid n
Steckn zwaamoi auf n Föösn prackt. Då is so vüü Wåssa
aussekumman, dåss die Leit håbm biberln kännan und die
Viecha aa. 12 Åba da Scheff håt zum Moses und zum Aaron
gsågt: „Weu s ned an mi glaubt håbts und n Israelitn ned
kloagmåcht håbts, dåss kaan gibt wia mi, wegn den soits
die Leit då ned in des Lãnd bringan, wås i ihnan gebm wea.“
13 Des is des Måtschker-Wåssa, wo die Israelitn gmåtsch-
kert håbm gengan Scheff, und wo r a ihnan zaagt håt, dåss
kaan gibt wie eam.

A Hãndfoi Möö und a Äuzerl Öö

1. Könige 17,8–16

17 8 Då håt da Scheff Foigendes zum Elia gsågt: 9 „Marschier,
geh nåch Sarepta in da Näh von Sidon und duatn bleibst!
Weu då is a Witwe, dea wås i gschåfft håb, dåss di vasuagt.“
10 Und ea håt si aufgmåcht und is nåch Sarepta gãngan.
Wia r a zum Stådtdoa kumman is, woa då frãnk a Witwe,
de håt Hoiz gsãmmet. Då håt a zu ihr umeplärrt: „Hoi ma
do a bissl Wåssa in ana Schissl zum Biberln.“ 11 Und wia
s gãngan is, dåss as hoit, håt a r ihr nåchgruafn: „Und an
Bissn Brot bring ma r aa!“ 12 Då håt sie gsågt: „So woa da
Scheff, dei Heagod, lewendich is: I håb nix Båchanes, nua
a Hãndfoi Möö in an Reindl und a Äuzerl Öö in an Kruag.
Und weul i jetz aa oder zwaa Scheitln zsãmmklaubt håb,
geh i haam und richt wås fia mi und mein Buam. Des hawer
ma und streckn die Bådschn.“ 13 Da Elia håt zu ihr gsågt:
„Nua ka Ãngst! Geh und måch s aso, wia s d gsågt håst. Åba
zeascht måchst aus den fia mi wås Båchanes und bringst as
ma ausse; dãnn måchst wås fia di und dein Buam. 14 Weu
so sågt da Scheff, da Heagod von Israel: ‚S Möö im Reindl
soi ned vaschwindn und s Öö im Kruag soi ned päule gehn
bis ãn den Dåg, wo s da Scheff regnan låsst auf d Ead.‘“
15 Sie is eine und håt s gmåcht, wia da Elia gsågt håt. Und ea
håt ghawert und sie und ihr Bua aa, olle Dåg. 16 S Möö im

Reindl is ned vaschwundn und s Öö im Kruag is ned päule gãngan, wia s da Scheff in Elia håt sågn låssn.

Sogenannter Witwe-von-Sarepta-Brunnen (1010 Wien, Johannesgasse)

Im Nabot sei Weĩbeag

1. Könige 21

21 1 Nåch den oin is Foigendes gescheng: Da Nabot aus
Jesreel håt an Weĩbeag ghåbt, in Jesreel, glei neman Palåst
vom Ahab, n Kenich von Samaria. 2 Und da Ahab håt mid n
Nabot gredt: „Gib ma dein Weĩbeag, i wüü an Gmiasgoatn
draus måchn, weul a so schee nebm meina Hittn liagt. I
wea da an bessan Weĩbeag dafia gebm oder, wãnn da des
liaba is, kriagst a Gööd dafia, wü vüü r a hoit weat is.“ 3 Åba
da Nabot håt zum Ahab gsågt: „Nå, des soi ma da Scheff
daspårn, dåss i da wås gib, wås i von meine Ahnln heahåb!“
4 Då is da Ahab haamgãngan, ãngfressn und mid an muads
Gizi wegn den, wås da Nabot aus Jesreel zu eam gsågt håt:
„I gib da nix, wås i von meine Ahnln heahåb!“ Ea håt si auf
sei Harpfn glegt, s Gsicht zua Wãnd draht und håt nix gha-
wert. 5 Då is die Isebel, sei Oide, eine zu eam und håt gsågt:
„Wegn wås bist n so ãngfressn, dåss d nix hawerst?“ 6 Ea
håt zu ihr gsågt: „I håb mid n Nabot aus Jesreel gredt und
gsågt: ‚Gimma dein Weĩbeag gegn Gööd oder, wãnn da des
liaba is, kriagst an ãndan Weĩbeag dafia.‘ Åba ea håt gsågt:
‚Mein Weĩbeag geb i da ned!‘“ 7 Då håt die Isebel, sei Oide,
zu eam gsågt: „Heast, du bist da Kenich in Israel! Kräu auf,
hawer wås und gfrei di! I vaschåff da den Weĩbeag scho vom
Nabot aus Jesreel.“ 8 Und sie håt untam Nåman vom Ahab
Briefe gschriebm und håt sei Siegl auffegebm. Die håt s ãn

die Öötastn und die Großkopfertn gschickt, die im Nahob
seina Stådt gwohnt håbm. [9] In die Briefe håt s gschriebm:
„Låssts a Fåstn ausruafn und duads n Nabot bei die bessern
Leit hĩsetzn. [10] Vis-à-vis von eam setzts zwaa Halawachln
hĩ, de soin gegn eam aussågn: ‚Du håst n Heagod und n
Kenich zum Deife gwinscht!' Dãnn bringts eam ausse und
schmeißts Staana auf eam, bis a die Bådschn streckt." [11] Die
Öötastn und die Großkopfertn, die in seina Stådt gwohnt
håbm, håbm des gmåcht, wia die Isebel ihnan gschåfft håt,
wia s in die Briefe gstãndn is, de wås ihnan gschickt håt.
[12] Sie håbm a Fåstn ausruafn låssn und n Nabot håbm s bei
die bessern Leit hĩgsetzt. [13] Und es san aa zwaa Halawachln
kumman, de håbm si vis-à-vis von eam hĩgsetzt und håbm
vua die Leit gegn eam ausgsågt: ‚Da Nabot håt n Heagod und
n Kenich zum Deife gwinscht!' Då håbm s eam aussebråcht
vua die Stådt und Staana auf eam gschmissn, bis a die Bådschn gstreckt håt. [14] Dãnn håbm s da Isebel ausrichtn låssn:
„Den Nabot håbm s gsteinigt, dea r is maukas!" [15] Wia die
Isebel des gheat håt, dåss da Nabot gsteinigt und maukas is,
håt s zum Ahab gsågt: „Oisdãnn, nimm da n Weĩbeag vom
Nabot aus Jesreel, dea r ihn da fia Gööd ned gebm woit;
weu da Nabot lebt nimma, dea is maukas." [16] Wia da Ahab
gheat håt, dåss da Nabot maukas is, is a los, dåss a åbegeht
zum Weĩbeag vom Nabot aus Jesreel und si eam eĩnaht.
[17] Då håt da Scheff im Elia aus Tischbe Foigendes ãngsågt:
[18] „Marschier und geh n Ahab entgegn, in Kenich von
Samaria und Israel; dea is gråd im Nabot sein Weĩbeag,

då is a åbegãngan, dåss a si eam eĩnaht. [19] Red mid eam
und såg eam: ‚So sågt da Scheff: Du håst aan haamdraht
und du håst da wås eĩgnaht! Ãn dem Plåtz, wo die Hunds-
viecha dem Nabot sei Bluad zsãmmgschleckt håbm, wean s
aa deins zsãmmschleckn!'" [20] Da Ahab håt zum Elia gsågt:
„Håst mi gfundn, mei Feind?" Ea håt åba gsågt: „Jå, i håb di
gfundn, weu s kan Genierer ghåbt håst, unta m Scheff seine
Augn a Linke drahn. [21] Deswegn spüüt s jetz Granada, es
is vuabei mid dia und mid oin, wås nåch dia kummt. Vom
Ahab seine Leit wea r i an jedn wegraaman, dea ãn d Wãnd
brunzt, bis auf n ollaletzn in Israel. [22] Mid deina Misch-
poche wea r i des genau so måchn wia beim Jerobeam, in
Nebat sein Buam, und wia beim Bascha, n Ahija sein Buam,
wengan Gachn, den i håb wegn dia, und weu s d Israel zu
ana Linkn aufhussn duast. [23] Da Scheff håt aa iba die Isebel
gredt und gsågt: ‚Die Hundsviecha soin die Isebel fressn,
in Jesreel ãn da Mauer. [24] Wãnn aana von die Leit vom
Ahab in da Stådt a Bangl reißt, soin eam die Hundsviecha
fressn, und wãnn aana ãm Fööd a Bangl reißt, soin eam die
Vägl unta n Himme fressn.'" [25] Es håt frãnk kaan gebm, dea
so kan Genierer ghåbt håt, dåss a r a Linke draht unta m
Scheff seine Augn wia n Ahab. Es woa sei Oide, die Isebel,
die eam auf des bråcht håt. [26] Ea woa r afoch a Råtznviech
und is hinta die foischn Gätta heagrennt, so wia s die Amo-
riter gmåcht håbm; åba die håt da Scheff vua die Israelitn
davõgjågt. [27] Wia da Ahab des gheat håt, håt a sei Gwãnd
zrissn und si Sacklhådern ãzogn; ea håt nix ghawert, håt

aa in den büüslt und is gãnz deschparat umanãndgãngan.
28 Då håt da Scheff mid n Elia aus Tischbe Foigendes gredt:
29 „Heast, håst gseng, wia si da Ahab gãnz klaa gmåcht håt
vua mia? Und weul a si gãnz klaa gmåcht håt, wiad s ned
Granada spüün, solãng a no lebt; åba wãnn amoi sei Bua is,
dãnn wiad s Granada spüün."

Wia da Jesaja a Prophet wuan is

Jesaja 6

6 1 In den Joa, wo da Kenich Usija die Bådschn gstreckt
håt, håb i n Scheff auf an hochn und noblichn Thron sitzn
gseng und untrisch is sei Gwãnd im Tempe bis zua Wãnd
gãngan. 2 Iba eam san Seraphim gstãndn, a jeda håt sechs
Fliagln ghåbt: Mid zwaa håbm sa si s Gfries zuadeckt,
mid zwaa håbm s die Fiass zuadeckt, und mid zwaa san s
gflogn. 3 Und si håbm aana zum ãndan gruafn und gsågt:
„Heulich, heulich, heulich is da Scheff mid seine Druppn!
Die gãnze Wööd is foi mid seina Pråcht.“ 4 Die håbm
gruafn, dåss von die Stimman die Diastöck gwåcklt håbm,
und die Hittn woa voller Rauch. 5 Då håb i gsågt: „Auweh,
jetz bin i ãm Oasch! Weu i bin a Mensch mid ana gfäutn
Goschn, und i wohn unta Leit mid gfäutn Goschn, und i
håb in Kenich, in Scheff, mid seine Druppn gseng, mid
meine eiganan Scheangla.“ 6 Då is ana von die Seraphim
zu mia gflogn, mid ana Koin in da Hãnd, die gliat; die håt a
mid an Zangl vom Altar gnumman. 7 Dea is damid iba mei
Pappn gfoan und håt gsågt: „Soda, i foa da iba die Lippn,
damid ois, wås d draht håst, päule geht und da dei Schuid
gnumman wiad.“ 8 Und i håb n Scheff sei Stimm gheat, dea
håt gsågt: „Wen soi i schickn? Wea wiad gengan fia mi?“
Då håb i gsågt: „Då bin i: Schick mi!“ 9 Und ea håt gsågt:
„Geh und såg n Voik: ‚Heats nua, heats, åba ibareißts nix!

Sechts nua, sechts, åba ibanåserts nix!‘ [10] Måch s Heaz von den Voik hoat und die Uawaschln schwea und die Scheangla blind, dåss mid die Scheangla nix seng und mid die Uawaschln nix hean und mid n Heaz nix ibareißn und ned no umdrahn und gsund wean.“ [11] Då håb i gsågt: „Bis wãnn, Scheff?“ Ea håt gsågt: „Bis die Städte gãnz hinich san, ohne Leit, und die Hittn ohne an Menschn und die Fööda nua mea a Gstettn. [12] Da Scheff wiad die Leit weid wegbringan und in da Mittn vom Lãnd wiad imma mea seĩ, wo goa nix is. [13] Und wãnn då nua mea a Zehntl is, wiad s no amoi niedagmåcht, åba wia bei an Terebinthn- und an Eichnbam, wo a Stumpf bleibt, wånn s d eam fööst. Dea Stumpf wiad a heulicha Sãman seĩ.“

Da Jeremia im Gatsch

Jeremia 37,17–38,6

37[17] Dãnn håt da Zedekia, da Kenich, eam hoin låssn und
håt eam haamlich in seina Hittn gfrågt: „Is vom Scheff wås
då, wås a sågt?“ Drauf da Jeremia: „Jå! Du wiast n Kenich
von Babel in d Händ gebm wean.“ [18] Und da Jeremia håt
zum Kenich Zedekia gsågt: „Wås håb i denn Oages gmåcht
gegn di, gegn die Großkopfertn und gegn s Voik, dåss mi
in Häfn gsteckt håbts? [19] Wo san dn eichare Leit, die eich
vuaheagsågt håbm: ‚Da Kenich von Babel wiad eich ned
kriagn und s Lãnd aa ned?‘ [20] Huach jetz, Scheff, Kenich,
hea mi ãn, i bitt di goa scheen: Låss mi ned wieda in d Hittn
vom Jonatan, n Segretär, bringan; duat streck i sunst no die
Bådschn.“ [21] Då håt da Kenich Zedekia n Beföö gebm, dass
n Jeremia im Hof vom Häfn bhoitn soin, und ea håt eam
ãn jedn Dåg aus da Bäckergåssn an Rãnkn Brod bringan
låssn, so lãng, bis in da Stådt ka Brod mea gebm håt. So is
da Jeremia im Hof vom Häfn bliebm.

38[1] Da Schefatja, in Mattan sei Bua, da Gedalja, n Paschhur
sei Bua, da Juchal, n Schelemja sei Bua, und da Paschhur,
n Malkija sei Bua, håbm des åba gheat, wås da Jeremia vua
r olle Leit gredt håt: [2] „So sågt da Scheff: ‚Wea in dera Stådt
bleibt, dea wiad mid n Schweat, wengan Flammoo oder
da Pest a Bangl reißn. Wea åba aussegeht zu die Chaldäer,

wiad s ibalebm und kãnn si gfrein, dåss a sei Lebm bhoit.‘
3 Weu so sågt da Scheff: ‚Die Stådt då wiad n Hea vom Kenich
von Babel in d Hãnd foin, und ea wiad s besetzn.‘“ 4 Då
håbm die Großkopfertn zum Kenich gsågt: „Dea Mã gheat
haamdraht! Auf die Oat måcht a r uns die Leit gãnz desch-
parat, die in da Stådt no übrig san und kämpfn kännan, und
s gãnze Voik aa no, weul a so Såchn mid ihnan redt. Weu
dea is ned drauf aus, dåss n Voik guad geht, sundan dåss
Zores kriagn.“ 5 Drauf håt da Kenich Zedekia gsågt: „Guad,
ihr kännts eam håbm, weu des gheat si ned, dåss da Kenich
eich wås åbschlågd.“ 6 Sie håbm oisa n Jeremia gnumman
und eam im Hof vom Häfn in die Zisternan vom Malkija, n
Buam vom Kenich, gschmissn; sie håbm in Jeremia ãn an
Strick åbelåssn. In da Zisternan woa åba kaa Wåssa, sundan
Gatsch, und da Jeremia is eĩtaucht im Gatsch.

Die Susanna & die zwaa, de wås gspechtlt håbm

Sog. 13. cap des Buches Daniel

13 1 In Babylon håt s an Mã mid n Nåman Jojakim gebm.
2 Dem sei Oide woa die Susanna, die Dochda vom Hilkija, die
woa fesch, pfäu, und n Scheff håt s in Ehrn ghoitn. 3 Ihre
Öötan woan nämlich heaznsguade Leit, die håbm s nåch den
erzogn, wås beim Moses vuagschriebm is. 4 Und da Jojakim
woa r a Gstopfta und håt glei bei seina Hittn an scheenan
Goatn ghåbt. Und die Judn håbm si ollaweu bei eam troffn,
weul a r a muads Renommee ghåbt håt. 5 In den Joa dåmois
san zwaa Öötaste aus n Voik ois Richter bschtööt wuan;
des woan soichane, iba die da Scheff gsågt håt: „Aus Babylon
kummt die Bosheit, von Öötaste und Richter, die ois Ãnfihra
gööτn fia s Voik." 6 De san Dåg fia Dåg in Jojakim seina
Hittn gwesn, und zu ihnan san olle kumman, die wås a
Streiderei ghåbt håbm. 7 Åba z Mittåg, wãnn d Leit weg
woan, is dãnn die Susanna kumman, im Goatn spaziern.
8 Die zwaa Öötastn håbm s olle Dåg kumman und spaziern
gseng und san so winnich wuan auf sie, 9 dåss gãnz narrisch
woan. Sie håbm ihre Scheangla so vadraht, dåss vom
Himme nix mea gseng håbm und kaa gerechts Uateu mea
zsãmmbråcht håbm. 10 Beide woan s winnich auf sie, håbm
s åba untranãnd ned zuagebm, wia s brennt, des Feia, 11 weu
sie håbm sie geniert, dåss zuagebm, dåss gãnz winnich san

und dåss as budern woin. [12] An jedn Dåg håbm s nua drauf
gwoat, dåss as seng. [13] Da aane håt zum ãndan gsågt:
„Kumm, gemma haam, s is Zeid zum Hawern." Und sie san
ausse und håbm Babaa gsågt. [14] Wia s dãnn zruckkumman
san, san s inanãndagrennt, und wia s gfrågt håbm, wiaso,
håbm beide zuagebm, dåss winnich san. Drauf håbm s
beschlossn, dåss woatn, bis s as amoi allanich dawischn.
[15] Daweu s no auf an guadn Dåg passt håbm, is sie, wia die
zwaa Dåg davua, mid zwa Dienstmadln kumman und woit
im Goatn bådn, weu s woa r a Hitz. [16] Kaa Mensch woa im
Goatn, nua die zwaa Öötastn, vasteckt, und håbm gspechtlt.
[17] Und sie håt zu ihre Dienstmadln gsågt: „Hoits ma r a Öö
und a Soibm und måchts die Goatndialn zua, weu i wüü
bådn." [18] Und die Dienstmadln håbm tãn, wia s as ihnan
gschåfft håt; sie håbm die Goatndialn zuagmåcht und san
beim Dial auf da Maschekseitn ausse, dåss ihr des bringan,
wås woin håt. Dåss då die Öötastn vasteckt san, håbm s ned
gwusst. [19] Wia die beidn Dienstmadln aussegãngan woan,
san die beidn Öötastn aussekräut, san zu ihr hĩgrennt und
håbm gsågt: [20] „Schau, die Dialn vom Goatn san zua; kaana
siacht uns. Mia san winnich auf di; oiso såg ‚Jå' und buder
mid uns! [21] Wãnn s d ‚Na' sågst, wea ma dazöön, dåss ma an
Buaschn allanich bei dia gfundn håbm und dåss d deswegn
die Dienstmadln weggschickt håst." [22] Die Susanna håt an
muads Seifza gmåcht und gsågt: „Jetz håb i n Scheam auf!
Weu wãnn i s måch, bin i maukas; wãnn i s ned måch,
kumm i eich aa ned aus. [23] Åba besser is in eichare Händ

foin, ohne dåss wås gschiacht, ois wia unta m Scheff seine
Augn wås Ärgeres måchn.“ 24 Und die Susanna håt ãn-
gfãngan gãnz laut plärrn, åba die zwaa Öötastn håbm
dagegnplärrt. 25 Und da aane is zum Goatndial grennt und
håt s aufgmåcht. 26 Wia die Schakln im Haus drin es Gschraa
im Goatn gheat håbm, san s beim Dial auf da Maschekseitn
eine, damid s seng, wås då los is. 27 Wia die Öötastn ãn-
gfãngt håbm redn, håbm si die Schakln gschamt, weu no
nie wås in dea Oat iba d Susanna gsågt wuan is. 28 Und ãm
nächstn Dåg, wia d Leit zum Jojakim, ihrn Oidn, kumman
san, san aa die zwaa Öötastn kumman, weu s woitn, dåss da
Quiqui die Susanna hoit – Råtznviecha, wås s woan. 29 Vua
r olle Leit håbm s gsågt: „Låssts die Susanna hoin, dem
Hilkija sei Madl, die Oide vom Jojakim!“ Und sie san s hoin
gãngan. 30 Und sie is kumman mid ihre Öötan und
Gschråppn und da gãnzn Mischpoche. 31 Åba sie woa r a
gstatzte Gredl und schee, pfãu! 32 Deswegn håbm die Gfrast-
sackln ihrn Schleier åbareißn låssn, den s driba ghåbt håt,
weu s as mid die Scheangla vanåschn woitn, schee, wia s
woa. 33 Und olle, die wås bei ihr gstãndn san und sie gseng
håbm, håbm blaazt wegn ihr. 34 Die zwaa Öötastn san auf-
gstãndn, mittn unta die Leit, und håbm da Susanna d Händ
ãm Plutzer glegt. 35 Sie håt åba blaazt und auffegschaut zum
Himme, weu ihr Heaz auf n Scheff ghoitn håt. 36 Und die
Öötastn håbm gsågt: „Wia mia allanich im Goatn spaziern
woan, is sie mid zwaa Dienstmadln einekumman, håt die
Goatndialn zuagmåcht und die Madln weggschickt. 37 Då is

a Buasch, dea si vasteckt ghåbt håt, hĩ zu ihr und håt si zu
ihr glegt. [38] Åba wie ma des aus n Eck vom Goatn gseng
håbm (s is a Schãnd!), samma gschwind hĩgrannt und håbm
gseng, wia s budern. [39] Den Buaschn håmma åba ned
dawischt, weu dea woa steaka ois wie mia; dea håt s Dial
aufgstessn und is palisiert. [40] Sie håmma åba festghoitn und
håbm gfrågt, wea dea Buasch woa, åba sie woit s uns ned
sågn. Des kämma bezeugn.“ [41] Und die Leit håbm ihnan
glaubt, s woan jå Öötaste aus n Voik und Richter, und die
Susanna is zum Dod vaurteut wuan. [42] Åba sie håt gãnz laut
plärrt: „Scheff, Ewicha, du waaßt ois, wås haamlich is, und
kennst ois scho, no bevua s gschiacht: [43] Du waaßt, dåss des
glogn is, wås die ois Zeugn gsågt håbm. Heast, i streck die
Bådschn, dabei håb i nix von den gmåcht, wås die Gfrasta si
då zsãmmgschuastert håbm gegn mi.“ [44] Und da Scheff håt
ihrn Plärrer gheat. [45] Wia s zua Hĩrichtung wegbråcht wuan
is, håt da Scheff in heulichn Geist von an jungan Buaschn
aufgweckt, dea wås Daniel ghaaßn håt. [46] Dea håt laut
gschrien: „I bin ned schuid ãm Bluad von dea!“ [47] Die gãnzn
Leit håbm si umdraht zu eam und gsågt: „Wås maanst n
mid den, wås d då sågst?“ [48] Då håt ea si in die Mittn
hĩgschtööt und gsågt: „Es Gschråppn vom Israel, saads es
soichane Hirnederln, dåss a Dochda vom Israel vaurteut
håbts, ohne dåss eich a Büüd måchts und aussebringts, wås
woa is? [49] Gehts wieda zruck zum Gricht, weu des is glogn,
wås die gegn sie gsågt håbm.“ [50] Då san die Leit gschwind
wieda zruck, und die Öötastn håbm zum Daniel gsågt:

„Kumm, setz di hea zu uns und schüüda! Weu du bist a
Reschbegdsperson, da Scheff wüü des.“ 51 Da Daniel håt zu
ihnan gsågt: „Duads die zwaa ausanãnd, weid vonanãnda,
dãnn hea r i ma an jedn allanich ãn!“ 52 Wia die zwaa jetz
ausanãnd woan, håt a si den aan heaghoit und gsågt: „Du
oida Püücha, jetz kummt a jede Linke ausse, die s d bis heit
draht håst: 53 foische Uateule vahängan, Unschuidige in
Häfn schickn und Schuidige geh låssn, obwoi da Scheff
gsågt håt: ‚Du soist kaan haamdrahn, dea wås unschuidig is
oda r a Guada.‘ 54 Oisdãnn, wãnn s d die Frau gseng håst,
såg amoi: Unta an wöchn Bam håst n die zwaa beinãnd
gfundn?“ Sågt ea: „Unta an Mastixbam.“ 55 Då håt da Daniel
gsågt: „Nå des passt, du liagst di um Kopf und Krågn; weu
dem Scheff sei Engl håt scho vom Heagod s Uateu gheat
und wiad di in da Mittn spoitn.“ 56 Ea håt eam wegbringan
und n ãndan hoin låssn und gsågt: „Du, von da Kanaan-
Partie, ned von Juda: Du bist narrisch wuan, weu s schee is,
und dei Heaz spinnt, weu s d winnich bist. 57 So håbts as
ollaweu mid die Madln vom Israel gmåcht, und sie håbm
mid eich budert, weu ihnan da Reis gãngan is; åba n Juda
sei Madl håt si eichare Linke ned gfoin låssn. 58 Oisdãnn,
såg ma: Unta an wöchn Bam håst n die zwaa midnãnd
dawischt?“ Ea håt gsågt: „Unta an Eichnbam.“ 59 Då håt da
Daniel gsågt: „Nå des passt, du liagst di aa um Kopf und
Krågn; weu dem Scheff sei Engl woat scho mid sein Schweat
und wiad di in da Mittn ausanãndschneidn und eich
haamdrahn.“ 60 Då håbm olle Leit duat laut plärrt und håbm

in Scheff leiwãnd ghaaßn, dea wås denan hüüft, die si auf eam valåssn. [61] Und sie håbm gegn die zwaa Öötastn aufgriebm, weu da Daniel håt s jå mid den aufblattlt, wås sööba gredt håbm, dåss foische Zeugn san. [62] Sie håbm mid ihnan gmåcht, wås die mid ihrn Nächstn aa ãnstöön woitn, und håbm s haamdraht, wia s beim Mose im Gsetz steht. So håt s ãn den Dåg do kaa unschuidigs Bluad gebm. [63] Da Hilkija und sei Oide håbm in Scheff wegn da Susanna, ihrn Madl, leiwãnd ghaaßn, zsãmm mid n Jojakim, ihrm Oidn, und da gãnzn Mischpoche, weu bei ihr ka Ruassflankerl gfundn wuan is. [64] Und da Daniel håt beim Voik a muads Renommee kriagt, ãn den Dåg und späda aa no.

Da Hiob: frãnk und a Guada

Hiob 1–2; 42,7–17

1 1 Im Lãnd Uz håt s an gebm, dea håt Hiob ghaaßn. Dea woa
frãnk und a Guada, mid an Reschbegd vuam Heagod, und
ana jedn Linkn is a aus n Weg gãngan. 2 Und ea håt siebm
Buam und drei Madln ghåbt, 3 und siebmdausnd Lampln,
dreidausnd Kamöö, finfhundert Paarln Rindviecha, finf-
hundert Eselinnan und an Oaschfoi Schakln, und ea woa r
a Jass bei denan im Ostn. 4 Und seine Buam håbm gean an
Mulatschag gmåcht, a jeda in seina Hittn ãn sein Dåg, und då
håbm s ihre Schwestan hoin låssn, dåss mid ihnan hawern
und tschechern. 5 Wãnn dãnn die Däg vom Mulatschag
vuabei woan, håt s da Hiob hoin låssn und håt s quisiquasi
wieda heulich gmåcht: Ea is gãnz in da Frua aufkräut und
håt Brãndopfer gmåcht, fia an jedn aans, weu da Hiob håt
si denkt: „Womäglich håbm meine Buam a Linke draht und
håbm in Heaz in Scheff Babaa gsågt." So håt da Hiob des
ollaweu gmåcht. 6 Jetz woa s åba amoi so, dåss dem Heagod
seine Buaschn kumman san und si vuam Scheff hĩgschtööt
håbm, und bei dera Partie woa r aa da Deife dabei. 7 Då
håt da Scheff zum Deife gsågt: „Von wo kummst n du?" Da
Deife håt drauf zum Scheff gsågt: „Auf da r Ead bin i gwesn,
ibaroi bin i umanãndkräut." 8 Da Scheff håt zum Deife
gsågt: „Håst aa nåch n Hiob gschaut, nåch mein Schakl?
Weu so wia dea is kaana auf da Wööd, frãnk und a Guada,

mid an Reschbegd vuam Heagod, und ana jedn Linkn
geht a aus n Weg." [9] Da Deife håt drauf zum Scheff gsågt:
„Glaubst, da Hiob mācht des fia nix, dåss a r an Reschbegd
håt vuam Heagod? [10] Håst du ned dei Hãnd iba eam ghoitn
und iba seine Leit und ois, wås eam so gheat? Du håst an
Segn glegt auf ois, wås a in d Hãnd nimmt, und ãm Lãnd
stengan imma mea Viecha, die eam ghean. [11] Åba streck
do amoi dei Hãnd aus und ria des ois ãn, wås eam gheat:
Glaubst ned, ea wiad da ins Gsicht ‚Schleich di' sågn?" [12] Da
Scheff håt zum Deife gsågt: „Guad, du håst ois in da Hãnd,
wås eam gheat, åba låss dei Hãnd von eam sööba!" Då is da
Deife im Scheff aus die Augn gãngan. [13] Wia dãnn dea Dåg
woa, wo seine Buam und Madln ghawert und tschechert
håbm in da Hittn von ihrn öötastn Bruada, [14] is a Schakl
zum Hiob kumman und håt gsågt: „Die Rindviecha woan
gråd beim Pfliagn und danebm håbm auf da Wiesn die
Eselinnan gfressn, [15] då san die aus Saba kumman und håbm
s olle midgnumman, und die Buaschn håbm s mid n Schweat
daschlågn, und i bin ihnan ois Aanziga auskumman, dåss i s
da såg." [16] Daweu dea no gredt håt, is a ãndara kumman und
håt gsågt: „Im Heagod sei Feia is vom Himme gfoin und håt
die Lampln und die Buaschn troffn; die san in Flãmman
aufgãngan, und i bin ois Aanziga auskumman, dåss i s da
såg." [17] Daweu dea no gredt håt, is a ãndara kumman und
håt gsågt: „Die Chaldäer håbm drei Partien gmåcht und san
iba die Kamöö heagfoin, sie håbm s midgnumman und die
Buaschn håbm s mid n Schweat daschlågn, und i bin ihnan

ois Aanziga auskumman, dåss i s da såg.“ 18 Daweu dea no
gredt håt, is a ãndara kumman und håt gsågt: „Deine Buam
und Madl håbm in da Hittn von ihrm öötastn Bruada gha-
wert und tschechert, 19 glaubst as, kummt a båtzn Sturm
aus da Wüstn und stesst an die vier Eckn von da Hittn; då
is s iba die jungan Leit zsãmmgfoin und sie håbm a Bangl
grissn, und i bin ois Aanziga auskumman, dåss i s da såg.“
20 Då is da Hiob aufgstãndn, håt sei Gwãnd zrissn und sein
Plutzer glått gschert; ea håt si zum Betn auf d Ead gschmissn
21 und gsågt: „I woa nåckert, wia r i aus n Schoß von meina
Muatta kumman bin, und nåckert wea r i wieda åfoan. Da
Scheff håt gebm, da Scheff håt gnumman; a Halleluja auf n
Scheff!“ 22 In den Gãnzn håt da Hiob nix Foisches gmåcht
und håt ned irgndwås Deppats gengan Heagod gsågt.

2 1 Amoi is dãnn Foigendes gscheng: Dem Heagod seine
Buaschn san kumman und håbm si vua r eam hĩgschtööt,
und bei dera Partie woa r aa da Deife dabei und håt si vuam
Scheff hĩgschtööt. 2 Då håt da Scheff zum Deife gsågt: „Von
wo kummst n du?“ Da Deife håt drauf zum Scheff gsågt:
„Auf da r Ead bin i gwesn, ibaroi bin i umanãndkräut.“ 3 Da
Scheff håt zum Deife gsågt: „Håst aa nåch n Hiob gschaut,
nåch mein Schakl? Weu so wia dea is kaana auf da Wööd,
frãnk und a Guada, mid an Reschbegd vuam Heagod und
ana jedn Linkn geht a aus n Weg. Dea heat ned auf a guade
Söö seĩ, åba du håst mi eascht auf des bråcht, dåss i eam
zsãmmprack ohne an Grund!“ 4 Da Deife håt drauf zum

Scheff gsågt: „Ma gibt an Pööz fia r an Pööz, åba fia sei Lebm
gibt a Mensch ois hea, wås a håt. 5 Streck do amoi dei Hãnd
aus und ria seine Baana und sei Fleisch ãn: Wiast scho
seng, ea sågt da ins Gsicht ‚Schleich di!'" 6 Da Scheff håt
zum Deife gsågt: „Guad, du håst eam in da Hãnd, åba lebm
låss eam!" 7 Då is da Deife in Scheff aus die Augn gãngan
und håt n Hiob mid Gschwirln gschlågn, von die Fiass bis
auffe zu die Hoa. 8 Dea håt si auf an Misthaufn gsetzt und si
mid ana Scheam duat kråtzt, wo s gsaftlt håt. 9 Und sei Oide
håt zu eam gsågt: „Heast no imma ned auf a guade Söö seĩ?
Såg n Heagod Babaa und reiß a Bangl!" 10 Ea håt åba zu ihr
gsågt: „Du redst wia r aans von die bledn Nockerln. Wãmma
s Guade aus n Heagod seina Hãnd gnumman håbm, soitat
ma då ned aa s Schware nehman?" In den Gãnzn is n Hiob
nix Foisches iba die Lippn kumman. 11 Wia åba drei Hawara
vom Hiob von dera gãnzn Schlamastik gheat håbm, in die
a kumman is, san s ãnkräut, a jeda aus sein Uat: da Eliphas
aus Teman, da Bildad aus Schuach und da Zofar aus Naama,
weu di håbm si des ausgmåcht, dåss midanãnd hĩgengan
und eam guad zuaredn und dåss eam a Trost san. 12 Und wia
s von da Weitn gschaut håbm, håbm s eam goa ned kennt;
dãnn håbm s gschrian und blaazt, håbm si s Gwãnd zrissn
und an Åschn ãm Plutzer gschtraat, zum Himme hĩ. 13 Sie
san mid eam siebm Dåg lãng auf da r Ead ghockt, Dåg und
Nåcht, und kaana håt wås gsågt, weu s gseng håbm, dåss a
r echt im Eck woa. [...]

42 7 Wia da Scheff des mid n Hiob gredt ghåbt håt, håt a
zum Eliphas aus Teman gsågt: „I håb echt an Gachn auf
di und deine beidn Hawara: Es håbts ned gscheid von mia
gredt wia da Hiob, mei Schakl. 8 Und jetza nehmts siebm
Stier und siebm Widder und gehts zum Hiob, mein Schakl.
Måchts a Brãndopfer fia eich, und da Hiob, mei Schakl, soi
fia eich a guads Wuat eĩlegn, weu wãnn ea des wü, wea r i
eich do nix Deppats ãntuan; weu s håbts ned gscheid von
mia gredt wia da Hiob, mei Schakl.“ 9 Då håbm si da Eliphas
aus Teman, da Bildad aus Schuach und da Zofar aus Naama
gschlichn und håbm des gmåcht, wås a ihnan gschåfft håt.
Und da Scheff håt auf n Hiob gheat. 10 Und da Scheff håt aa
fia n Hiob s Glick zruckbråcht, weul a fia seine Hawara a
guads Wuat eĩglegt håt. Und da Scheff håt n Hiob zwaamoi
so vüü gebm, ois wia r a vuahea ghåbt håt. 11 Und es san olle
seine Briada zu eam kumman und olle seine Schwestan und
olle, de wås eam von fria kennt håbm, und håbm mid eam in
seina Hittn Brod ghawert. Se håbm eam guad zuagredt und
woan eam a Trost in dera gãnzn Schlamastik, in die eam da
Scheff einegrittn håt. Und a jeda håt eam a Gerschtl gebm
und an goidanan Ring. 12 Und nåch den oin håt da Scheff
fia n Hiob ois no vüü leiwãnda gmåcht ois wia vuahea, ea
håt vierzehndausnd Lampln kriagt, sechsdausnd Kamöö,
dausnd Paarln Rindviecha und dausnd Eselinnan. 13 Und
ea håt siebm Buam kriagt und drei Madln; 14 die easchte håt
a Jemima ghaaßn, die zweite Kezia und die dritte Keren-
Happuch. 15 Und es håt im gãnzn Lãnd kaane so scheenan

Fraun gebm ois wia dem Hiob seine Madln. Und sie håbm
von ihrn Vodan aa a Erbschåft kriagt wia r ihre Briada.
[16] Und da Hiob håt dãnn no hundertvierzg Joa glebt und håt
seine Gschråppn und n Gschråppn ihre Gschråppn gseng
bis zua viertn Generation. [17] Und da Hiob håt die Bådschn
gstreckt, oid und zfriedn mid n Lebm.

A poa Gsangln: Da Mensch is a Wãhnsinn, åba ea geht päule

Psalm 3

Vom David a Gsangl, wia r a vuam Absalom, sein Buam, åpåscht
is. 2 Na seawas, Scheff, i håb so vüü Gfrasta gegn mi und so
vüle gengan mi ã. 3 Vüle sågn iba mi: Da Scheff hüüft eam
eh ned. *(Und jetza: Musi!)* 4 Åba du, Scheff, hoitst as å, mid
dia bin i wea und muass mein Schädl ned hängan låssn. 5 I
måch an Plärrer zum Scheff, dåss a s aa ãm heulichn Beag
head. *(Und jetza: Musi!)* 6 I liag då und büüsl und wåch
auf: weu da Scheff hoit mi. 7 Zigdausnde san des, de wås
mi kriagn woin, åba i scheiß mi ned ã. 8 Geh s ã, Scheff, und
hüüf ma, Heagod! Weu du haust olle die Gfrasta, di gegn mi
san, in die Goschn und zamerscherst die Zähnd von de, de
wås auf di pfeifn. 9 Da Scheff is dea, dea wås hüüft. Måch ois
leiwãnd fia deine Leit! *(Und jetza: Musi!)*

Psalm 14

Vom David a Gsangl. De Deppatn denkn si: „Heagod gibt s
kan!“ De san fia die Wiaschd; die fian si auf, dåss ana Sau
graust; då gibt s kaan, dea wås Guades måcht. 2 Vum Himme

schaut si da Scheff seine Gschråppn ã, damit a siacht, wea
so gscheid is, dåss a nåch eam frågt. 3 Åba de woin olle nix
wissen, de san komplett vafäut; då gibt's kaan, dea wås
Guads måcht, kaan Aanzign. 4 Kãnn des denn kaana von
de Gfrasta ibanåsern, die meine Leit fressn, bis blaad wean,
åba midn Scheff nix redn? 5 Då geht ihnan da Schiach ã,
weu da Scheff is bei da Partie von de Guadn. 6 Die Linke,
de wås gegn de oaman Leit zsãmmdrahts, mid dea kännts
eich brausn gehn; weu die wissn, wås s åm Scheff håbm.
7 Wãnn nua da Zion wås fia Israel måchat und da Scheff
denan eĩgsperrten Unsrign hööfn dadat! Da Jakob hättat a
Gaudi und Israel dadat si gfrein.

Psalm 23

Vom David a Gsangl. Da Scheff is mei Herrl, kaa Goanix
wird ma föön. 2 Ea låsst mi hawern in ana greanan Au und
låsst mi biberln, wo s Wåssa frisch is. 3 Dåss ma da Schlecka
ned aussehängt: Des måcht ea! Ea låsst mi kan Bledsinn
ãnschtöön, weul a so is, wia r a is. 4 I bin echt scho in da Rue
de Gack gwesn, åba i håb ka Ãngst, dåss ma wås gschiacht;
weu du bist bei mia. Wãnn i ãn dein Steckn denk, ãn dein
Priagl, dãnn geht s ma scho besser. 5 Du stööst ma a kom-
plette Moizeid hin, und die, de wås an Pick auf mi håbm,
miassn zuaschaun. Du håst a Krem fia mein Schädl und
måchst mei Glasl bladlfoi. 6 Solãng i leb, wiad s ma guad

David, König und Dichter der Psalmen

gehn, und irgndwea wiad imma a Heaz fia mi håbm. I wea
in da Hittn vom Scheff bleibm, ollaweu.

Psalm 30

VOM DAVID A GSANGL, DÅMOIS, WIA S N TEMPE EINGWEIHT HÅBM.
2 Scheff, du bist leiwãnd, weu du håst mi von gãnz untn
aussezogn, und denan, de wås an Dauerkööch mid mia
håbm, håst die Gaudi mid mia vaduabm. 3 Scheff, Heagod,
wia r i di ãngreart håb, då håst mi gsund gmåcht. 4 Scheff,
du håst mi von de Dodn auffeghoit, mi håst lebm låssn,
åba sie håbm die Bådschn streckn miassn. 5 Singts a Halle-
luja auf n Scheff, es sads seine Zuckagoscherln, låssts eam
hochlebm, weul a wås Bsundas is! 6 An Gizi håt a gråd so
lang, wia ma „Gizi" sågt, åba ea låsst s guad seĩ a Lebm
lãng. Ãm Åbnd wiad greart, åba in da Frua is ois leiwãnd.
7 Wia s ma guad gãngan is, håb i gsågt: I soi ins Schleidan
kumman? Åba sicha ned! 8 Weu du håst mi auf an hochn
Föösn gschtööt, Scheff, weu du des so woin håst. Åba wia
s d mi nimma kennt håst, is ma da Schiach ãngãngan. 9 I
håb nåch dia gschrian, Scheff, i håb n Heagod ãnbenzt:
10 Wãnn i a Bangl reiß, wås håst n von mein Bluad? Wean
da aa die Staubkeandln Dãngschee sågn und schüüdan,
wia du zu aan hoitst? 11 Hea mi ãn, Scheff, und håb a
Eĩsegn! Hüüf ma, Scheff! 12 I håb greart und jetza hupf i
umanãnd vua Freid: Des håst du mid mia gmåcht; du håst

ma d Pompfinewarapanier auszogn und mi in a Gwandl
aus Juchee gsteckt, 13 dåss i da a Halleluja sing und mid
n Singan ned aufhea. Scheff, mei Heagod, i wüü da Dãng-
schee sågn fia imma und ewich.

Psalm 49

A Gsangl vom Korach seine Buam; des kãnnst auf de Melodie
„Die jungan Leit“ singan. 2 Huachts zua, Leidln, gebts åcht,
olle, de wås jetz lebts, 3 aafoche Leit und Herrschåftn,
Gstopfte und Negeranten, olle midanãnd! 4 I wüü kan Schas
mit Quastln redn; des soi wås Gscheids sein, wås i då ausse-
låss. 5 I wüü zuahuachn bei ana Ãnsåg und wüü sågn, wås
mei Red is, daweu die Klãmpfn spüüt. 6 Wegn wås soi ma
da Reis gengan an schlechte Däg, wãnn i eĩdeckt bin mid
de Linkn von de Gfrasta, 7 di si auf des valåssn, wås håbm,
und die Goschn aufreißn, weu s so gstopft san? 8 Dabei kãnn
kaana an ãndan aussereißn oda n Scheff fia eam wås zoin,
9 weu gnua Marie fia dera Lebm kånn kaana hĩbladln; des
kånn a si in d Hoa schmian, fia imma und ewich, 10 dåss a
ollaweu weidalebt und ned de Bådschn streckt. 11 Naa, ea
wiad segn: A die Intelligenzler reißn a Bangl, so wia die
Deppatn und Dodln de Bådschn streckn; ois, wås ihnan
gheat, miassn s wem ibalåssn. 12 De san jetz ãm Zenträu
dahaam, duat kumman s nimma weg, und dabei woa r a
jeda von denan da Hea Wichtig. 13 Da Mensch is a Wãhnsinn,

ÅBA EA GEHT PÄULE, EA MUASS SI SCHLEICHN WIA DE VIECHA. 14 So
geht s denan, de wås so deppat san, so zaht s de auf, die des
leiwãnd finden, wås sööba daherredn. *(Und jetza: Musi!)*
15 Sie liagn bei die Dodn wia die Lampln, um die kimmert
si da Quiqui; s is ned lãng, wean die Leiwãndn ihnan wås
schåffn, då kännan s nimma zruckredn, sie miassn bei die
Dodn bleibm. 16 Åba da Scheff wird mi rettn vuam Quiqui
und seina Gwoit, weul i bei eam bleibm deaf. *(Und jetza:
Musi!)* 17 Scheiß di ned ã, wãnn ana plötzlich a Gstopfta
is, wãnn a r a Hittn håt, dåss di niedalegt. 18 Weu ea wiad
nix midnehman, wãnn a åfoat; sei gãnze Pråcht wiad ned
midfoan. 19 Ea gfreit si, weu ois paletti is, und wãnn s da
guad geht, sågn olle: Leiwãnd! 20 Åba a jeda von denan
muass seine oidn Leit hintahea und siacht kaa Liachd mea.
21 DA MENSCH IS A WÃHNSINN, ÅBA EA GEHT PÄULE, EA MUASS SI
SCHLEICHN WIA DE VIECHA.

Psalm 56

VOM DAVID A STICKL WIA R AUS GOID, DES KÃNNST SINGAN AUF DE
MELODIE „DIE STAADE DAUBM BEI DE TSCHUSCHN“; WIA R EAM DIE
PHILISTER IN GAT FESTGHOITN HÅBM. 2 Scheff, håb a Eĩsegn mi
mia, weu de Leit sitzn ma im Gnack. Dåg fia Dåg måchn
s mi niada und gengan mi bled ã. 3 Dåg fia Dåg sitzn ma
die Gfrastsackln im Gnack, die Hochgschissanan måchn mi
niada, und des san ned nua r a poa. 4 Du bist mei Hoffnung,

wãnn ma da Schiach ãngeht. 5 I WEA SÅGN, WIA LEIWÃND DES IS,
WÅS DA HEAGOD REDT. I WEA MI AUF N SCHEFF VALÅSSN UND MI NED
ÃSCHEISSN. WÅS KÄNNAN MENSCHN MA SCHO MÅCHN? 6 Dåg fia
Dåg haun s ma r a Hackl ins Kreiz; se denkn ãn nix ãndas,
ois wia s mi einedrahn kännan. 7 De haun si auf a Packl, de
woatn nua und stiern, wås i måch, damid s mi haamdrahn.
8 Soin de auskumman, Gfrasta, wås san? Prack s niada,
Scheff, mid de brauchst ka Eĩsegn håbm! 9 Zöö nåch, wü
vü Däg i scho davõrenn, sãmme die Dränan, wås i zsãmm-
blaaz, in deina Flåschn; i waaß eh: Du zööst as. 10 Wãnn i
an Plärrer måch zu dia, wean si die von mia schleichn, de
wås an Dauerkööch mid mia håbm. Des waaß i, dåss du mei
Heagod bist. 11 I WEA SÅGN, WIA LEIWÃND DES IS, WÅS DA HEAGOD
REDT. I WEA SÅGN, WIA LEIWÃND DES IS, WÅS DA SCHEFF REDT.
12 I VALÅSS MI AUF N SCHEFF UND SCHEISS MI NED Ã. WÅS KÄNNAN
MENSCHN MA SCHO MÅCHN? 13 Des håb i da vasprochn, Scheff,
dåss i da Dãngschee såg. 14 Weu du woast mei Rettung vuam
Quiqui, dåss mi ned aufzaht mid de Fiass, dåss i gengan
kãnn, wo s höö is, wo a Lebm is, wo da Scheff is.

Psalm 69

VOM DAVID A GSANGL; DES KÃNNST AUF DE MELODIE „LILIEN“
SINGAN. 2 Scheff, hüüf ma! Weu des Wåssa geht ma bis ãn
de Guagl. 3 I vasink im tiafn Gatsch, wo ka Grund is; mi
håt s ins tiafe Wåssa vaschlågn: I bin ãm Dasaufn! 4 I bin

miad vum Gschraa und haasa im Hois. I siach scho nix
mea mid die Scheangla, weul i auf mein Scheff so lãng
woatn muass. 5 Mea ois wia Hoa ãm Schädl håb i Leit, de
wås ohne an Grund an Pick auf mi håbm. Die, de wås auf
mi ãngfressn san und mi zsãmmprackn woin, san hoche
Herrschåftn, åba sie håbm ned recht. I soi wås zruckgebm,
wås i goa ned gschtoin håb! 6 Scheff, du waaßt von mein
Bledsinn, mei Schuid entgeht da ned. 7 Olle, die auf di
woatn, Heagod, Scheff mid die Druppn, soin ned wegn
mia eĩfoan. Olle, die di suachn, Heagod von Israel, soin si
ned wegn mia geniern miassn! 8 Weu wegn dia geht s ma
gschissn, mei Gfries is zum Geniern. 9 Fia meine Briada
bin i a Fremda, und meina Muatta ihre Gschråppn kennan
mi nimma. 10 Weu des håt mi aufgfressn, dåss ma dei Hittn
ned wuaschd is, und weu du von denan bled ãngredt wiast,
bin jetz i da Blede. 11 I bin fest ãm Rearn und hawer nix,
und de måchn sie an Kårl mid mia. 12 I håb ma a Pompfi-
newarapanier ãnzogn und de spottn mi aus. 13 Wãnn s ãm
Bangl sitzn, zreißn sa si di Goschn iba mi, und beim Tsche-
chern singan s a Liadl iba mi. 14 Åba i bet zu dia, Scheff,
wãnn s d a Eĩsegn håst; hea mi ã und hüüf ma, Heagod,
weu du valåsst mi ned. 15 Hüüf ma ausse aus n Gatsch,
dåss i ned vasink, damid i loskumm von de, di wås an Pick
auf mi håbm, und aus n tiafn Wåssa; 16 dåss i ned åsauf,
dåss i ned gschlickt wea und dåss des Brunnanloch ned iba
mia zuageht. 17 Hea mi ã, Scheff, weu di bist so leiwãnd,
dåss mi firehaut; drah di hea zu mia, weu du håst a groß

Heaz, 18 und vasteck dei Gsicht ned vua mia, klaa wia r i
bin; weu mia geht da Reis: Hea mi gach ãn! 19 Kumm hea
zu mia und hüüf ma, hüüf ma wegn denare Gfrasta. 20 Du
waaßt, wia r i im Eck bin, wia r i im Oasch bin, wia r i mi
genier; du siachst olle die Bosnigln. 21 Die Schãnd bricht
ma s Heaz und mācht mi krãnk. I woat, ob ana a Heaz håt
fia mi, åba då is kaana, i woat auf wöche, die ma an Trost
gebm, åba i find kaane. 22 Die gebm ma a bittas Gschlåder
zum Hawern und Essig zan Saufn fia mein Duascht. 23 Wås
de ma auftischn, des soi ihnan sööba ãm Schädl foin; då
soin sa si sööba drãn dawiagn. 24 Ihnare Scheangla soin
schwoaz wean, dåss nix seng, und se soin nimma gscheid
hadschn kännan. 25 Schitt s zua mid dein Grant und beidl
s fest mid dein Gizi. 26 Aus ihnara Wohnung soi a Gstettn
wean, und kaana soi mea då drin wohnan. 27 Du håst mi
gschlågn, und de vafoign mi, du håst mi niedergmåcht,
und de gfrein si recht, wia schlecht s ma geht. 28 Se soin
a Linke nåch da ãndan drahn, dåss nix mid dia und dein
Ãnstãnd z duan håbm. 29 Streich s ausse aus n Lebms-
biachl; de soin ned bei die Guadn stengan. 30 Oba i bin
ãm Sãnd, mia duad ois weh; Scheff, steh ma bei und hüüf
ma! 31 I wüü in Scheff a Liadl singan, dåss a leiwãnd is;
i wüü ma an Servas åbereißn und eam Dãngschee sågn.
32 Des wiad n Scheff besser gfoin ois wia a Stier, dea
Hearndln und Klaun håt. 33 Die Ågsandltn seng des und
gfrein si, und wea n Heagod suacht, wiad sei Heaz wieda
gschpian. 34 Weu da Scheff heat die Oaman und sågt ned

zu de Häfnbriada: „Gehts eich brausn!“ 35 Da Himme und
d Ead soin eam a Halleluja singan und aa s Mea mid oin,
wås då drin wurlt. 36 Weu da Heagod wiad n Zion hööfn
und in Juda Städte baun, dåss duat wohnan und dåss s
ihnan ghean. 37 Und die Gschråppn von seine Schakln
wean s erbm, und die, de wås auf eam stengan, wean drin
bleibm.

Psalm 75

VOM ASAF A GSANGL, DES KÅNNST SINGAN AUF DE MELODIE „DUA S
NED DODSCHLÅGN.“ 2 Mia sågn da Dãngschee, Scheff, mia sågn
da Dãngschee, und mia schüüdan deine Wunda, dåss ma
di gschpian kännan. 3 „Wãnn s so weid is fia mi, kriagt a
jeda, wås a vadient. 4 A wãnn s de Wööd umanãndabeidlt
und olle, die auf ihr wohnan, i hoit des Stanglwerk im
Untagrund.“ *(Und jetza: Musi!)* 5 Zu de Gschraagoscherten
håb i gsågt: Reißts de Pappn ned aso auf! Und zu de Gfrast-
sackln: Duads ned ollaweu so weida mid dera Gwoit!
6 Duads ned in ana Dua so weida mid dera Gwoit, redts ned
so stuaschädlert dahea! 7 Weu s is ned wengan Aufgengan
und Untergengan, ned von da Wüstn und von die Beag,
8 sundan da Scheff håt s letzte Wuat, dåss a den aan åbe-
trågt und den ãndan auffetrågt. 9 Weu da Scheff håt a Glasl
in da Hånd, bladlfoi mid an stoakn Weĩ. Von den schenkt a
r aus, und olle Gfrastsackln auf dera Wööd miassn s saufn

bis zum Schlaaz ãm Bodn. 10 Oba i wea nia aufhean, dåss
i von den red und sing, wia klass in Jakob sei Heagod is.
11 Denan Gfrastsackln wiad a s åbaraaman, kompletto,
damid de Guadn wås zum Sågn håbm.

Psalm 85

Des is vom Korach seine Buam, a Gsangl. 2 Scheff, du håst
fria amoi mid dein Lãnd a Eĩsegn ghåbt und håst deine
Leit ghoifn, wãnn wea eingsperrt woa; 3 du håst fria deine
Leit, wãnn s wås zsãmmdraht håbm, gsågt: „Vagess ma s!“
Ihnare Linkn woan da wuaschd. *(Und jetza: Musi!)* 4 Fria
amoi håst dein Gachn seĩ låssn und bist nimma mea haaß
gwesn auf uns. 5 Hüüf uns, Scheff, mia brauchn di, låss nåch
mid dein Grant! 6 Wüüst fia imma und ewich an Pick auf
uns håbm und ned nåchlåssn mid dein Gizi? 7 Wüüst uns
ned aufbaun, dåss deine Leit wiada a Freid mid dia håbm?
8 Scheff, håb a Eĩsegn mid uns und måch fia uns ois wiada
guad! 9 Wãnn i nua hean känntat, wås da Heagod, da Scheff,
redt, wia r a seine Leit und olle Leiwãndn vasprochn håt,
dåss ois guad wiad, damid s ned deppat wean. 10 Åba denan,
die an Reschbegd vua eam håbm, hüüft a eh boid, weu s in
unsan Lãnd wiada ãnständig zuagengan soi; 11 Guadseĩ und
Treuseĩ soin zsåmmkumman, die Frau Grechdigkeid und
da Hea Friedn soin si åbussln; 12 es soi auf dera Wööd aana
zum ãndan stengan und vum Himme soi die Grechdigkeid

åbeschaun; 13 da Scheff soi guad zu uns seĩ und unsa Åcka
wås trågn, 14 es soi die Grechdigkeid vua eam heagengan
und hinta eam nåchkräun.

Psalm 90

Des sågt da Mose, in Heagod sei Hawara: Scheff, zu dia
känna ma ollaweu kumman. 2 Då håt s no kane Beag gebm
und de gãnze Wööd woa no ned gmåcht, då bist du scho då,
Heagod, imma scho, des håt ka End. 3 Du låsst die Menschn
a Bangl reißn und sågst: „Kummts zruck, es Bãmbaledsch!"
4 Weu fia di san dausnd Joa wia da Dåg, dea wås gestern
päule gãngan is, und wia r aa Partie von an Nåchtwåchta.
5 Du låsst as vuabeiziagn wia de Donau, de san wia r a
Schlaferl, wia r a Gràs, des in da Frua no wåchst, 6 des in
da Frua bliad und wåchst und gegn Åbmd vadrickert und
hinich wiad. 7 Es is wegn dein Gizi, dåss ma åfoan, und wegn
dein Grant geh ma päule. 8 Weu du schtööst ois vua di hin,
wås ma zsãmmdrahn, und a jede haamliche Linke von uns
kummt ausse vua dia. 9 Deswegn kriagst an Gachn, und uns
geht aa Dåg nåch n ãndan päule, wia ma so redt, vagengan
gãnze Joa. 10 Unsa Lebm dauert siebzg Joa, und wãnn s vüü
is, åchzg Joa, und ois, wås da gschmackig vuakummt, is fia
d Wiaschd, weu s ois åfoat, ois ob ma fliagn dadat. 11 Åba
wea glaubt, dåss du so an Gachn håst, und wem geht da Reis
vua dia und dein Grant? 12 Låss uns ned vagessn, dåss ma de

Bådschn streckn miassn, damid ma wås gneißn. 13 Scheff,
drah di endlich wiada hea zu uns und håb a Eĩsegn mid uns
– Wiaschdln, wås ma san. 14 Låss uns boid gschpian, dåss
d a Eĩsegn håst, dãnn sing ma Halleluja und håbm a Freid,
solãng ma lebm. 15 Du håst uns scho so lãng bissn, mia san
scho so lãng im Oasch dahaam: Jetz måch uns wiada a
Freid! 16 Zaag uns Wiaschdln, wås du zsãmmbringst, zaag
den Bãmbaledsch, wås du fia r a Jass bist. 17 Und da Scheff,
unsa Heagod, soi guad zu uns seĩ und schaun, dåss wås
weidageht bei den, wås ma duan. Jå, låss wås weidagehn
bei den, wås ma duan!

Psalm 92

A Gsangl fia n Schabbes. 2 Des is klass: n Scheff Dãngschee
sågn und fia di, Leiwãnda, a Halleluja singan, 3 in da Frua
von dein Eĩsegn und in da Nåcht von deina Woaheit dazöön,
4 auf ana Klãmpfn mid zehn Saatn, wãnn i auf da Harpfn
spüü. 5 Weu mid dia, Scheff, is des a Freid: I sing iba des,
wås du zsãmmbringst. I såg oin, wia leiwãnd des is, wås du
mid deine eiganan Händ måchst. 6 Scheff, es is a Wãhnsinn,
wås du ois måchst, des pack i ned, wås du da ausdenkst. 7 A
Deppata glaubt des ned, und a Hirnederl ibanåsert des ned.
8 Die, de wås auf di pfeifn, san frisch wia s greane Grås, und
die Strizzis blian wia de Bleamerl – nua damid s fia r imma
in Oasch gehn. 9 Åba du, Scheff, bist da Kapazunda; di gibt s

fia r imma und ewich. 10 Weu schau: die, de wås an Pick auf di
håbm, Scheff, schau, de wean die Bådschn streckn, und olle
krumman Hund wiad s zalegn! 11 Åba du måchst mi stoak wia
r an Stia und schmiast mi eĩ mid ana neichn Krem. 12 Meine
Scheangla måchn si an Kårl, wãnn s åbeschaun auf die linkn
Hund, ditto die Uawaschln, wãnn s von de Gfrastsackln
hean, de wås mi ãngengan. 13 Da Guade wiad austreibm wia
de Päumkatzerl, ea wiad wåchsn wia de Bam in Wienawoid.
14 De, de wås in da Hittn vum Scheff Wuazln gschlågn håbm,
wean wåchsn wia Grås, in unsan Heagod sein Vuazimma.
15 Und aa wãnn s oid wean, wean s blian und si vamean und a
Gråfd håbm, 16 damid s schüüdan, wia leiwãnd da Scheff des
måcht; ea r is mei Föös, mid ana Linkn håt a nix zan Duan.

Psalm 94

Scheff, du Masta im Haamzoin, du Masta im Haamzoin,
zaag di! 2 Zah ãn, Richta von dera Wööd: denan regnt s
jå in die Nåsn: Gib ihnan, wås ihnan gheat! 3 Scheff, wia
lãng soin die Ungustln, wia lãng soin die Ungustln die
Goschn aufreißn? 4 De Gschraagoscherten, die drahn
a Linke und findn des klass. 5 Scheff, die ruiniern deine
Leit; de kaniefln de, die wås dia ghean. 6 Witwen bringan
s um, Tschuschn und Waasnkinda drahn s haam 7 und
sågn: „Da Scheff siacht des ned, in Jakob sein Heagod is
des wuaschd.“ 8 Gneißts as endlich, ihr Deppatn, wãnn

woits as ibanåsan, es Dodln? [9] Soitat dea ned hean, dea
s Uawaschl afundn håt? Soitat dea ned segn, dea die
Scheangla gmåcht håt? [10] Soitat dea afoch zuaschaun, dea
di Leit ibaroi unta seina Fuchtl håt, dea aus de Menschn
Gneißer måcht? [11] Da Scheff waaß, wås si die Menschn
denkn, åba des is nua r a Lercherlschas! [12] Wãnn du,
Scheff, aan die Wadln firerichtst, kãnn a si gfrein, wãnn a
r endlich gneißt, wås du wüüst, [13] dåss eam die ärgern Däg
erspårt bleibm, bis die Ungustln a Bangl reißn. [14] Weu da
Scheff wiad seine Leit ned in Weisl gebm und die ned allaa
låssn, de wås zu eam ghean. [15] Weu Rechd muass Rechd
bleibm, und wea s Heaz ãm rechtn Fleck håt, wiad auf eam
zöön. [16] Wea hoit zu mia gegn die Gfrasta? Wea haut si
mid mia auf a Packl gegn die linkn Hund? [17] Wãnn ma da
Scheff ned hööfn dadat, dad i ma boid de Bleamaln vo unt
ãschaun. [18] Wia r i gsågt håb: „Jetz håt s mi auf die Goschn
ghaut!“, då håst a Eĩsegn mid mia ghåbt und mi ghoitn.
[19] Mia is echt oasch gãngan, åba du håst mi aufbaut. [20] Weu
mid n Grichd von de Gfrasta håst du nix zan duan, die
mid n Gsetz måchn, wås woin, und oage Såchn ãschtöön.
[21] Die haun sie auf a Packl gegn die Guadn und greifn bei
Unschuidige in Schmoiztopf. [22] Åba da Scheff gibt ma
an Schutz, mei Heagod låsst mi ned deschparat wean.
[23] Ihnare Linkn wiad a r ihnan haamzoin und wiad s zamerschern, weu s so Gfrasta san. Da Scheff, unsa Heagod,
wiad s zamerschern.

Psalm 115

Es is ned wegn uns, Scheff, ned wegn uns, sundan wegn
dia, weu s d uns mågst und ma da ned wuaschd san.
2 Fia wås soi de Packlrass sågn: Wo is ihnara Scheff?
3 Unsa Scheff is in Himme: Wås a wüü, kånn a r aa måchn.
4 Denan ihre Wuaschtln san Süüwa und Goid, wås Men-
schn gmåcht håbm. 5 De håbm a Pappn, åba sågn nix, de
håbm Scheangla und sengan nix, 6 de håbm Uawaschln
und hean nix, de håbm an Pfrnak und riachn nix, 7 de
håbm Händ und greifn nix, Fiass håbm s und gengan
ned, und aus ihnara Mäu kummt ka Mucksa. 8 De, de wås
soichane Wuaschtln måchn, san genau aso, olle, de wås
si auf de valåssn. 9 Åba Israel soi si ãm Scheff valåssn!
Ea hüüft ihnan, ea låsst s ned allaa. 10 De Aaron-Partie
soi se ãm Scheff valåssn! Ea hüüft ihnan, ea låsst s ned
allaa. 11 Valåssts eich ãm Scheff, olle, wås an Reschbegd
vua r eam håbts! Ea hüüft ihnan, ea låsst s ned allaa.
12 Da Scheff vagisst uns ned und måcht ois leiwãnd fia r
uns, olle, de wås zu Israel ghean, olle vom Aaron seina
Partie. 13 Fia r olle, de wås an Reschbegd håbm vuam
Scheff, måcht a s leiwãnd, fia de Klaanan und de Großn.
14 Da Scheff soi s fia r eich imma leiwãnda måchn, fia r eich
und eichare Bãmbaledsch! 15 Es sad s de Zuckagoscherln
vum Scheff, dea wås in Himme und d Wööd gmåcht håt.
16 Da Himme is n Scheff sei Himme, åba d Wööd håbm die
Menschn von eam kriagt. 17 De Dodn wean da ka Halleluja

singan, Scheff, kaana, dea wås si duathin schleicht, wo s
olle gusch san. 18 Åba mia wean jetza und ollaweu sågn,
wia leiwãnd dåss da Scheff is. Halleluja!

Psalm 118

Sågts n Scheff Dãngschee; weul ea is a guada Lådsch und
ea head ned auf guad seĩ. 2 Israel soi jetza sågn: „Ea head
ned auf guad seĩ.“ 3 Olle vum Aaron seina Partie soin sågn:
„Ea head ned auf guad seĩ.“ 4 Olle, de was an Reschbegd
vuam Scheff håbm, soin sågn: „Ea head ned auf guad
seĩ.“ 5 Mia is da Reis gãngan, då håb i gschrian: „Scheff!“,
ea håt mi gheat und aufbaut. 6 Da Scheff is bei mia, des-
wegn geht ma ned da Schiach ãn; wås kännan Menschn
mia scho måchn? 7 Da Scheff is bei mia, dåss a ma hüüft;
i wea åbeschaun auf de Gfrasta! 8 Es is guad, wãnn s d
n Scheff vatraust, wãnn s d di ned auf Menschn valåsst.
9 Es is guad, wãnn s d n Scheff vatraust, wãnn s d di ned
auf Heaschåftn valåsst. 10 I håb de ganze Packlrass links
und rechts von mia, åba weu da Scheff da Scheff is, pack
i des, dåss a si schleichn. 11 I kum goa nimma mea ausse
von denan, åba weu da Scheff da Scheff is, pack i des,
dåss a si schleichn. 12 De schwirrn umanãnd um mi wia
de Bienan, des ged los wia r a Feia in de Distln, åba weu
da Scheff da Scheff is, pack i des, dåss a si schleichn. 13 Sie
stessn mi, damid s mi aufzaht, åba da Scheff hüüft ma.

14 Da Scheff is mei Gråfd und mei Musi und mei „Ois is lei-
wãnd“. 15 De Guadn gfrein si in ihra Hittn und singan, weu
s gwunnan håbm: In Scheff sei rechta Ärme gwinnt ãm
End do! 16 Da Scheff håt sein rechtn Ärme ghobm, ãm End
gwinnt in Scheff sei rechta Ärme! 17 I wea ka Bangl reißn,
sundan lebm und schüüdan, wås da Scheff ois måcht.
18 Da Scheff gibt ma uandlich ane in die Goschn, åba krepian
lååsst a mi ned. 19 Måchts ma de Gådern fia de Guadn auf,
so mechad i einekumman und in Scheff Dãngschee sågn.
20 Des is n Scheff sei Gådern, duach des wean de Guadn
einekumman. 21 I såg da Dãngschee, dåss d mi ãngheat
und ma ghoifn håst. 22 Da Staa, den wås de Hackler vom
Bau auf d Seitn ghaut håbm, dea trågt jetz ois. 23 Des håt
da Scheff gmåcht, des packst ned, wãnn s d as gsegn håst.
24 Den Dåg håt da Scheff gmåcht, gfreu ma uns iba eam, gfreu
ma uns! 25 Scheff, heast, hüüf ma! Scheff, låss guad gengan.
26 A jeda, dea då kummt vom Scheff seina Partie, soi hoch-
lebm. Es saads vum Scheff sana Hittn: Mia winschn eich s
Ollabeste! 27 Da Scheff is da Heagod, dea wås uns a Liachd
aufgengan låsst. Måchts a scheens Festl, mid Zweigaln fire
bis zum Altar! 28 Du bist mei Heagod und i såg da Dãng-
schee, mei Heagod, i wüü sågn, wia leiwãnd dåss d bist.
29 Sågts n Scheff a Dãngschee, weul ea is ka Grantscheam,
ea head ned auf guad seĩ.

Psalm 120

A Gsangl fia Püüga. I schrei zum Scheff, weul i so ãm Sãnd
bin, und ea head mi ã. 2 Scheff, låss mi aus mid de, de wås
liagn, soboid s de Pappn aufmåchn. 3 Wås soi a da ãntuan,
du Schmähtandla, wås soi a da gebm? 4 An spitzign Pfeu,
åba ned leichd gschossn, und brennerte Brikett! 5 Oame
Sau, wås i bin: I muass bei de Meschech bleibm, i muass
wohnan, wo da Kedar daham is. 6 I hoit des nimma lãng
aus, bei soichane wohnan: De håbm n Friedn scho gfressn.
7 I gib jå a Rua; åba wãnn i wås såg, wean s glei schtreidert.

Psalm 130

A Gsangl fia Püüga. Aus n Rinnsäu schrei i auffe zu dia,
Scheff. 2 Scheff, hea ã, wås i såg! Drah die Uawaschln hea zu
mia, dåss d merkst, wia r i benz! 3 Scheff, wãnn s d an jedn
fia sei Linke zoin låsst, wea wiad si hoitn, Scheff? 4 Weu
du håst a Eĩsegn, und du wüüst, dåss an Reschbegd vua
dia håbm. 5 I woat aufn Scheff, mei Söö woat, i dua nix ois
wia woatn, wås a sågt. 6 I woat mea aufn Scheff, ois wia de
Krautwåchta woatn, dåss höö wiad; mea ois wia de Kraut-
wåchta hoffn, dåss höö wiad, 7 soi Israel auf n Scheff hoffn!
Weu da Scheff is ned aso, dea is ka Nudldrucka, ea måcht s
wiada guad. 8 Und de Linke, de wås Israel drahn duad, håt
mid eam a r End.

Psalm 137

In Babylon samma ãm Ufer gsessn und håbm greart, wãnn
ma ãn dn Zion denkt håbm. 2 Unsare Harpfn hãmma in de
Weidnbam ghängt, de wås s duatn håbm. 3 Weu de, de wås
uns eingsperrt håbm, håbm uns gschåfft, dåss ma singan;
„Singts a Liadl iba n Zion!" 4 In Scheff sei Gsangl singan,
wia soi des gengan, wãmma ned dahaam san? 5 Wãnn i di
vagess, Jerusalem, soi ma d rechte Hãnd åfoin. 6 Da Schlecka
soi ma obm in da Pappn festpickn, wãnn i ned an di denk,
wãnn ma wås wichtiger is ois wia Jerusalem. 7 Scheff, de
Packlrass von Edom soi zoin fia des, wås gsågt håbm, wia
des mid Jerusalem woa: „Reißts as niada, reißts as niada,
bis nix mea steht!" 8 Babel-Gschråpp, du måchst ois hinich;
ois Guade dem, dea da haamzoit, wås du uns ãntãn håst!
9 Ois Guade fia an jedn, dea wås deine Gschråppn nimmt
und auf an Staa zamerschert!

Psalm 146

Halleluja! Såg, dåss da Scheff leiwãnd is, mei Söö! 2 Solãng
i leb, wül i schüüdan, wia leiwãnd da Scheff is. I wüü fia
n Heagod a Halleluja singan, bis i de Bådschn streck.
3 Valåssts eich ned auf de Hochgschissanan; des san Men-
schn, de richtn goa nix aus. 4 Wås im Menschn drin is, geht
päule, und es muass wiada Ead aus eam weadn; dãnn is ois,

wås a si vuagnumman håt, im Oasch. 5 Wea si vom Jakob
sein Heagod hööfn låsst: Ois Guade! Ois Guade dem, dea si
gãnz auf n Scheff, sein Heagod, valåsst, 6 dea wås n Himme
und d Wööd gmåcht håt, s Mea und ollas, wås drin is; dea
da ned n Weisl gibt, nia, 7 dea des reglt fia olle, denan Gwoit
ãntãn wiad, dea fia olle wås zan Hawern håt, denan da Mågn
aussehängt. Da Scheff hoit de Häfnbriada ausse. 8 Da Scheff
låsst Schasaugerte wiada segn. Da Scheff päppet de auf, de
wås ãm Sãnd san. Da Scheff måg de Guadn. 9 Da Scheff
schaut auf die Tschuschn und låsst Waasn und Witwen ned
vakumman; åba de, de wås auf eam pfeifn, låsst a eĩfoan.
10 Da Scheff is Kenich, des håt ka End, ea is dei Heagod,
Zion, ollaweu. Halleluja!

Glossar

Für ausführlichere Erklärungen seien Interessierte auf folgende Werke verwiesen:

Peter Wehle: Sprechen Sie Wienerisch? Von Adaxl bis Zwutschkerl. Erweiterte und bearbeitete Neuausgabe. Wien: Ueberreuter, 1980.

Robert Sedlaczek / Melita Sedlaczek: Wörterbuch des Wienerischen. Innsbruck–Wien: Haymon, 2011.

åfoan	verschwinden
Aansapanier	die beste Bekleidung, Ausgehgewand
ois åberaaman	abkanzeln; jegliches Selbstvertrauen nehmen
åbedrahn	benachteiligen, schlecht behandeln
åbefoin	herunterfallen
åbekräun	hinuntergehen
åbussln	abküssen
ådatschn	abtasten
Ärme	Oberarm
Äuzerl	ganz kleine Menge, ein bisschen
ågsandlt	elend, arm(selig)
ågsoffn	abgesoffen
åkragln	jemandem den Hals umdrehen, töten
ãnbenzn	(jemanden) um etwas bitten
si ãntschechern	sich betrinken
ãnzahn	sich anstrengen, sich beeilen
ãnzipft	beleidigt, missmutig
ãschtöön	anstellen
ãstrafn	anstreifen
aufblattln	jemanden vorführen, scheitern lassen
auffetrågn	bevorzugen, begünstigen
aufhussn	anstacheln
aufreibn	aggressiv werden (gegen jemanden)
ausblåsn	sich entspannen, locker werden
ausfratschln	ausfragen
aussereißn	erretten
auszaht	mager, ausgezehrt
Baana	Knochen

Babaa sågn	sich verabschieden
Båchanes	Gebackenes
die Bådschn streckn	sterben
bäs	böse
Bãmbaledsch	Kind
a Bangl reißn	sterben
barabern	arbeiten
båtzn	groß, viel
bedackln	überlisten, betrügen
Beföö	Befehl
beidln	schütteln
biberln	trinken
blaazn	weinen
blaad	wohlgenährt, fett
bladlfoi	randvoll
Bleamaln	Blümchen
blian	blühen
Bosnigl	bösartiger Mensch
braad	breit
si brausn gehen	(jemandem) aus den Augen gehen
brunzn	urinieren
Bschiss	Betrug
budern	geschlechtlich verkehren
Büüdl	Bild
büüsln	schlafen
Dåg	Tag
Dauberl/Daubm	Taube
Dauerkööch	anhaltender Konflikt, Feindschaft
dawiagn	erwürgen, ersticken
dazöön	erzählen
Deife	Teufel
deppat	blöd
deschparat	verzweifelt, niedergeschlagen
Dia	Tür
Doi	Tal
Dram	Traum
draman	träumen

Druppn	Truppen; da Scheff mid seine Druppn: Herr der Heerscharen (HERR Zebaoth)
Dua	Tour; in ana Dua: andauernd, unaufhörlich
Duascht	Durst
duatn	dort
im Eck seĩ	in schlechter Verfassung sein
eĩbüüsln	einschlafen
eĩfoan låssn	blöd dastehen lassen, übertölpeln
eĩlågan	einlagern
si eĩnahn	sich unter den Nagel reißen
Eĩsegn	Einsehen, Erbarmen
Ezzes	Ratschläge
Feiadäg	Feiertage
firehaun	vorwärtsbringen, aufbauen
flauchn	stehlen, entwenden
fladern	stehlen, entwenden
Flammoo	Hunger
Föö	Fell
Fööd	Feld
föön	fällen
Föös(n)	Felsen
frãnk	ehrlich, anständig; *als Adverb:* tatsächlich
Frua	Morgen
gach	schnell, plötzlich
Gachn	Jähzorn, Zorn
Gådern	Tor
gårschtig	garstig, unfreundlich
die Gas ådrahn	das Gas abdrehen, ein Ende setzen
Gatsch	Schlamm
Gerschtl	Geld
gfäut	verfault, übel
Gfrast	böser Mensch
Gfrastsackl	besonders böser Mensch
Gfries	Gesicht
Gheatsi	richtiges Verhalten („gehört sich“)
Gizi	Zorn

Gmachtl	breiartiges Gericht
Gmiasgoatn	Gemüsegarten
Gnack	Genick
Gneißer	Gebildeter, Auskenner
gneißn	verstehen, erkennen
Gööd	Geld
Gogerln	Hoden
Goschn	Mund, Maul
Gråfd	Kraft
Graffl	(wertloses) Zeug
Grammeln	Grieben; das Leckerste
es spüüt Granada	es geht höchst unangenehm her; du kannst etwas erleben
Grant	Ärger
Grantscheam	notorisch ärgerliche, ständig schlecht aufgelegte Person
graupert	unappetitlich, unsauber
Großkopferte	Mächtige, Bedeutende
Gsangl	Lied
gschamster Diener	ergebenster Diener
Gschau	Blick, Gesicht
Gschlåder	unappetitliches Getränk
gschmackig	lecker, wohlschmeckend
gschpian	spüren
Gschraa	Geschrei
gschraagoschert	laut sprechend; großmäulig
Gschråpp	Kind
Gschtöö	Gestell, Figur
gschtööt	aufgestellt; bereit
gschüüdat	geschildert
Gspusi	Geliebte(r), Verhältnis
gstatzte Gredl	attraktive Frau mit üppigen Formen
gstopft	reich
Gstettn	unbebautes, unordentliches Stück Land
Guagl	Gurgel, Hals
gusch	leise, still
Gwoit	Gewalt
Gwööb	Gewölbe

haamdrahn	töten
haaß	heiß; zornig, aufgebracht
hackln	arbeiten
Håckn	Arbeit
hadschn	gehen
Häfn	Gefängnis
Häfnbruada	Gefängnisinsasse
Halawachl	unzuverlässiger, unseriöser Mensch
Hãndfoi	Handvoll
Harpfn	Bett
Hawerer	Freund, Gefährte
hawern	essen
Haxn	Fuß
Heagod	Herrgott, Gott
heulich	heilig
hinich	fertig, kaputt
hĩpickn	hinkleben, anbringen
Hirnederl	Dummkopf
hĩschtöön	hinstellen
Hittn	Haus
hoat	hart
hochgschissn	übertrieben vornehm; arrogant
höö	hell
Hoim	Halm
Hois	Hals
hoitn auf	(zu jemandem) stehen
ibanåsern	verstehen, erkennen
ibareißn	verstehen, erkennen
Jass	Könner
(fescha) Kampl	schöner Mann
Kapazunda	Alleskönner
si an Kårl måchn	sich einen Scherz erlauben; es sich gut gehen lassen
Kamöö	Kamel(e)
Keandln	Körner; Getreide
Kiia	Kühe
Klaadl	Kleid, Gewand
knozn	untätig daliegen

Köötn	Kälte
Koin	Kohle
koit	kalt
Kraas	Kreis
kräun	kriechen, sich fortbewegen
Krautwåchta	Wächter; Polizist
Krawäu	Krawall, Lärm
Laata	Leiter
Lådsch	Kerl
d Läffe ågebm	sterben
Lampl	Lamm
Lebmsbiachl	Lebensbuch
leiwãnd	sehr gut
Lercherlschas	Nichtigkeit, Bagatelle
Linke	Unrecht, etwas Falsches, Gesetzesverstoß
Luach	Staub
Mã	Mann
Machatschek	tatkräftiger Mensch, Macher
Mäu	Maul, Mund
Mamsch	Mutter
Maric	Geld
Maschekseitn	Rückseite
a Massa	viel(e)
måtschkern	jammern, nörgeln
maukas	tot
Mensch, das	Frau, Mädchen *(pejorativ)*
Mezzanin	Zwischengeschoß, zwischen Erdgeschoß und 1. Stock
Mischpoche	Familie, Sippe
Möö	Mehl
Moizeid	Mahlzeit
muads	groß, gewaltig
muagn	morgen
Muatta	Mutter
Mulatschag	Fest mit ausuferndem Alkoholkonsum
nåsern	herumschnüffeln
Negerant	ohne Geld, verarmt

neman	neben dem
niedaprackn	niederhauen, niederschmettern
Nockerl	dummes Mädchen
Nudldrucka	äußerst kleinlicher, pedantischer Mensch
Nüü	Nil
Oaschfoi	große Menge
Oaschpartie	unangenehme Gesellschaft; unangenehm mitzuerleben
Oat	Art
Öö	Öl
Öötan	Eltern
öötare	ältere
Oide	Gattin
oisa	also, alsdann
Oita	Alter
ollaweu	immer
omad	oben
si auf a Packl haun	sich verbünden (mit)
Packlrass	Gesindel
palisiern	schnell (los)laufen
Papperl	Essen
Pappn	Mund
Papsch	Vater
päule gehn	verschwinden
Päumkatzerl	Palmkätzchen
pfäu	*(Interjektion der Überraschung & Bewunderung)*
pfeifen auf	verzichten auf, nicht zu tun haben wollen mit
Pfrnak	Nase
Pfuigack	Tabubesetztes; die Geschlechtsorgane
Pick	Unmut, Widerwillen, Zorn
Plärrer	Schrei, Aufschrei
Plutzer	Kopf
Pööz	Pelz
Pompfinewarapanier	Trauergewand

prackn	schlagen
Püücha	Gauner
Püüga	Pilger
Quiqui	Tod
quisiquasi	sozusagen
Rãnkn	Brotlaib, dickes Stück Brot
Råtznviech	extrem unangenehme Person
Reindl	Topf
rearn	weinen
mia geht da Reis	ich habe Angst
Reschbegd	Respekt
si rian	sich rühren
Rinnsäu	Rinnsal
Ruassflankerl	geringer Makel
Rue de Gack	ausweglose, sehr problematische Situation
(jemandem) die Rutschn legen	(jemandem) Probleme aus dem Weg räumen
Saatn	Saiten
Sacklhådern	Lumpen aus grobem Stoff
in Såft gehn / sein	erregt / zornig werden / sein
ãm Sãnd seĩ	schlecht drauf beziehungsweise heruntergekommen sein
schåffn	befehlen
Schakl	Diener, Untergebener
n Schani mâchn	(jemandem) dienen
schasaugert	fehlsichtig, schwachsichtig
Schdrom	Strom
in Scheam aufhåbm	in der Klemme sitzen
Scheangla	Augen
Scheff	Chef; Gott (*vor allem an jenen Stellen, an denen sich im Hebräischen das sog. Tetragramm* JHWH *findet: Ich bin, der ich bin*)
mia geht da Schiach ãn	einen Schreck bekommen
schiach	hässlich
Schinakl	Boot
Schippe(l)	ziemlich große Menge
Schlamastik	Pech, Unglück

Schlaaz	Schleim
Schlecka	Zunge
si schleichen	weggehen
Schmähtandla	Lügner
in Schmoiztopf greifn	hohe Gefängnisstrafe verhängen
Schmöözofn	Schmelzofen
schtreidert	streitend, streitsüchtig
schüüdan	schildern, berichten
schurln	laufen
Schwüü	Rausch
si an Servas åbereißn	(übertrieben freundlich) grüßen
Söö	Seele
spãnnan	begreifen
spechtln	sich als Voyeur betätigen
Spundus	Angst
Staa	Stein
staad	ruhig, still
steckn	(jemandem etwas) hinterbringen
stengan auf	(jemanden) mögen
stiern	einen starren Blick haben
Strizzi	Gauner; Zuhälter
Süüba	Silber
süüban	silbern
sundan	sondern
tschechern	saufen
Tschusch	Ausländer
Uat	Ort
Uateu	Urteil
Uawaschl	Ohr
umeplärrn	hinüberrufen
Ungustl	unsympathischer Mensch
vadeitschn	übersetzen, erklären
vadrickert	vertrocknet
vascheppan	verkaufen
vascherbln	verkaufen
vazahn	auf Abwege führen
Viffzack	blitzgescheit, mit besonders schneller Auffassungsgabe

Voda	Vater
Waasn	Waisen
die Wadln firerichtn	die Leviten lesen, disziplinieren
Wärterl	Wörtchen
Wãmpn	Bauch
waschln	regnen
Weĩbeag	Weinberg
Weinberl	Traube
Weĩtraubm	Weintraube
n Weisl gebm	Lokalverbot erteilen; wegschicken
Weu	Weile
fia d Wiaschd	„für die Würste“: umsonst, vergeblich
Wiaschdl	Würstel; nicht ernst zu nehmende Person
Wickl	Streit
winnich	gierig, Lust habend
Wööd	Welt
wuaschd	egal, einerlei
wuan	geworden
Wuaschtl	Figur zum Lachen
Wüüd	Wild(bret)
Wundawuzzi	Alleskönner, Tausendsassa
wurln	wimmeln
zamerschern	zerstören, zerkleinern
ziddan	zittern
zöön	zählen
Zööt	Zelt
Zores	Schwierigkeiten, Probleme
Zuagraasta	Zugewanderter
Zuckagoscherl	Liebling
zuwesteign	bedrängen; (jemandem) zu nahe kommen
Zwidawuazn	notorisch unfreundliche Person

© Johannes Kadan

Roland Kadan wurde 1961 in Wien geboren und wuchs in Wien-Währing auf. Er unterrichtet seit den 1980er Jahren Latein und Evangelische Religion und ist daneben (als externer Lehrender) an der Universität Wien, in der Lehrer/innen-Fortbildung sowie als Autor tätig. 2008 erschien sein Latein-Liederbuch „Cantare necesse est“, 2017 „Da David und sei Pantscherl" (Altes Testament auf Wienerisch I). Heute lebt er in Wien-Hütteldorf.